Albert Schweitzer

Worte über das Leben

Albert Schweitzer

Worte über das Leben

Herder
Freiburg · Basel · Wien

Ausgewählt und eingeleitet von
Harald Schützeichel

Die Erlaubnis zum Abdruck der hier ausgewählten Texte (siehe Quellenverzeichnis S. 127) erteilten dankenswerterweise die Verlage C.H. Beck, München, Felix Meiner, Hamburg, J.B. Mohr (Paul Siebeck), Tübingen, Lambert Schneider, Heidelberg, sowie der Verlag Paul Haupt, Bern und Stuttgart.
Der Abdruck der bisher unveröffentlichten Texte geschieht mit Genehmigung von Gustav Woytt, Straßburg.
Zeichnungen von Wilfried Gronwald

Herstellung: Clausen & Bosse, Leck
ISBN 3-451-22060-1

Inhalt

Einleitung

Als Albert Schweitzer im Frühjahr 1913 zum ersten Mal nach Afrika reiste, um in Lambarene als Arzt zu wirken, erschien dies vielen seiner europäischen Freunde als ein Bruch mit seinem bisherigen Wirken als Philosoph, Theologe und Musiker. Für Schweitzer selbst war dieser Schritt freilich nur die Konsequenz aus einer langen Entwicklung. Geboren 1875 als Sohn eines protestantischen Pfarrers im elsässischen Kaysersberg und aufgewachsen in Günsbach bei Colmar, hat sich Schweitzer angesichts des Leides in der Welt seit seiner Jugend mit der Frage beschäftigt, wie sich der Mensch anderem Leben gegenüber verhalten soll. Vor allem Erlebnisse mit leidenden Tieren lassen in ihm die Überzeugung wachsen, daß der Mensch nur dann Leid und Tod über anderes Leben bringen darf, wenn eine unentrinnbare Notwendigkeit dafür vorliegt. Der zeitgenössischen Philosophie und Theologie macht er dabei den Vorwurf, daß sich ihre Ethik einzig mit den Beziehungen zwischen Menschen beschäftigt.

Die Suche nach einer gültigen Ethik, die die Verantwortung gegenüber allem Lebendigen in sich enthält, durchzieht als Leitmotiv alle Arbeiten Schweitzers: Als er 1899 seine philosophische Doktorarbeit über Kant schreibt, betrachtet er dessen Vorstellungen nahezu ausschließlich unter ethischem Blickwinkel, und als er wenige Jahre später sein wegweisendes Buch über Johann Sebastian Bach veröffentlicht, dokumentiert er darin auch seine Sicht von der ethischen Kraft dieser Musik.

Schweitzer setzt sich in der Folge mit einer Vielzahl ethischer Entwürfe auseinander, doch ist es letztlich nur die Ethik Jesu, die seinen Ansprüchen ganz gerecht werden kann. Eben diese Ethik erweist sich jedoch in der Gegenwart aus zwei Gründen als wirkungslos: zum einen hat die Kirche im Verlauf der Geschichte an die Stelle der lebendigen Ethik Jesu das starre Dogma gesetzt, zum anderen ist das Verständnis für Jesu Ethik durch dessen von der spätjüdischen Eschatologie geprägte Begriffswelt behindert.

Schweitzers Frage lautet daher: Wie läßt sich die Ethik Jesu in eine Begrifflichkeit fassen, die von den Menschen heute verstanden wird? Dazu kommt noch eine weitere Schwierigkeit: Der Zugang zur Botschaft Jesu mit ihrem Anspruch göttlicher Offenbarung bleibt all jenen verschlossen, die nicht an den christlichen Gott glauben. Schweitzer bemüht sich daher um eine Ethik, die nicht nur von Christen, sondern von allen denkenden Menschen als verpflichtend anerkannt werden kann – in der festen Überzeugung, daß eine im freien Denken begründete Ethik inhaltlich mit der Ethik Jesu identisch ist.

In seinen Überlegungen geht Schweitzer von der Erkenntnis aus, daß es dem Menschen nicht möglich ist, in dem geheimnisvollen Geschehen der Natur, wo Erhaltung und Zerstörung von Leben gleichzeitig zu finden sind, einen sinnvollen Zweck zu erkennen. Die daraus resultierende Resignation verweist den Menschen zurück auf sich selbst. In seiner eigenen Existenz erlebt er den in der Natur waltenden unpersönlichen Gott, den geheimnisvollen Willen zum Leben, als eine schöpferische und ethische Persönlichkeit. Nicht Descartes' »Ich denke also bin ich« ist daher für Schweitzer die fundamentale Aussage des Menschen über sich selbst, sondern: »Ich bin Leben, das leben will, inmitten von Leben, das leben will.« Alles Leben strebt danach, sich in höchstmöglicher Vollkommenheit zu verwirklichen, und der Mensch ist als ein zu überlegtem und zweckmäßigem Wirken fähigen Wesen aufgefordert, Leben zu erhalten und zu unterstützen, wo immer es ihm möglich ist. Diese Bestimmung gilt für Schweitzer absolut, das heißt: Jedes Leben ist heilig, auch das der Tiere und Pflanzen. Die Ethik der Ehrfurcht vor dem Leben ist so die »ins Grenzenlose erweiterte Verantwortung gegen alles, was lebt« – und als solche das moderne Äquivalent zur Ethik Jesu.

Schweitzer geht es nicht darum, eine in sich geschlossene Ethik mit festen Geboten und Verboten zu schaffen, sondern er mutet jedem einzelnen Menschen die Verantwortung zu, selber nachdenken und entscheiden zu müssen, was ethisches Handeln und was Nachfolge Jesu für sein Leben bedeutet. Er selbst faßte bereits 1896 – im Alter von 21 Jahren – den Entschluß, bis zum 30. Lebensjahr für das Predigeramt, die Wissenschaft und die Musik zu leben und sich anschließend ganz einem unmittelbaren Dienst als Mensch zu widmen. Nach mehreren Versuchen, in Straßburg caritativ tätig zu werden, die allesamt nicht zum erhofften Ziel führten, ist es schließlich ein Bericht von Alfred Boegner, dem Leiter der Pariser Missionsgesellschaft, über die Kongomission, der über die genaue Richtung des späteren Wirkens Schweitzers entscheidet. Der Ruf, den er in dem Aufsatz Boegners verspürte, war so stark, daß Schweitzer auch die Mühsal einer weiteren Ausbildung, des Medizinstudiums, auf sich nahm, nachdem ihn die Pariser Mission aus Bedenken gegen seinen theologischen Standpunkt nicht als Missionar in ihren Dienst aufnehmen wollte.

Auf dem Hintergrund seiner geistigen Entwicklung wird deutlich, daß es sich bei diesem Schritt keineswegs um einen radikalen Bruch im Leben Schweitzers handelte, sondern um die konsequente Verwirklichung seiner ethischen Überlegungen. Überraschen kann daher nicht die Entscheidung selbst, sondern allenfalls die Entschlossenheit, mit der sie – auch angesichts erster Erfolge in Wissenschaft und Kunst – verwirklicht wird. Schweitzer schreibt dazu in einem Brief aus dem Jahre 1926: »Es war nicht leicht für mich, meine Vorlesungen an der Universität Straßburg und meine Laufbahn als Musiker aufzugeben. Für beide Gebiete habe ich natürliche Begabungen, und so hatte ich die natürliche Neigung, den überzeugenden Argumenten meiner Freunde zu folgen, wenn sie sagten, daß jeder tun soll, wozu er talentiert ist. Aber durch Jesu Geist wurde ich gewiß, daß ein Mensch an einen bestimmten Platz berufen werden kann und an keinen anderen. [...] Dies nun ist das große Mysterium. Jesu Geist befiehlt, und wir müssen gehorchen.«

Im März 1913 fährt Schweitzer dann gemeinsam mit seiner Frau Helene zum ersten Mal nach Lambarene, einem kleinen Ort, der rund 40 Kilometer südlich vom Äquator am Ogowe-Fluß liegt und heute zum Staat Gabun gehört. Insgesamt dreimal hat Schweitzer dort sein später so berühmt gewordenes Spitaldorf aufgebaut: 1913, bei seinem ersten Aufenthalt; 1924, als er nach dem Ersten Weltkrieg erneut nach Afrika ging und die inzwischen zusammengefallenen Hütten wiedererrichtete, und schließlich 1927, nachdem das alte Spital zu klein geworden war und Schweitzer sich entschließen mußte, es drei Kilometer stromaufwärts neu aufzubauen. Finanziert wurde das Spital durch Spenden, die Schweitzer auf ausgedehnten Konzert- und Vortragsreisen in Europa sammelte. Über Jahrzehnte hinweg pendelte er so zwischen seinem europäischen Heimatdorf Günsbach und seiner afrikanischen Wirkungsstätte in Lambarene.

Nach dem Zweiten Weltkrieg wurde Albert Schweitzer in Europa und den USA zu einer moralischen Autorität, zum Garanten für eine Gesinnung der Humanität, und seine Ethik der Ehrfurcht vor dem Leben fand in den 50er Jahren zunehmend Anerkennung. Als Konsequenz dieser weltweiten Popularität floß nun ein immer größer werdender Besucherstrom nach Lambarene und Günsbach, richteten sich unzählige Menschen in Briefen an Schweitzer und häuften sich die Ehrungen und Orden für den »Urwalddoktor«, deren bedeutendste wohl der 1953 rückwirkend für 1952 verliehene Friedensnobelpreis gewesen sein dürfte.

Für Schweitzer wurde der sich um seine Person entwickelnde Starkult zu einer Belastung, die ihn in seiner Arbeit hemmte und die er einzudämmen suchte, soweit es ihm möglich war. In dem Maße aber, wie sich in Westeuropa und Amerika der technische Fortschritt weiterentwickelte, wurde Schweitzer auch zu einem Kuriosum: so bemerkte man mit Erstaunen, daß er auf seinen Reisen immer den gleichen alten Hut und Mantel trug, daß er dritter Klasse reiste und sein Geld statt in einem Portemonnaie in Leinensäckchen aufbewahrte. Derartige »Rückständigkeiten« – bei der Person Schweitzer noch belächelt – führten indes bei seinem Spital immer häufiger auch zu heftiger Kritik: denn daß dieses nicht modernsten westlichen Maßstäben genügte, sondern die Eingeborenen auch im Spital in der für sie gewohnten Einfachheit lebten, hielten viele für unverantwortlich. Schweitzers Integrität wurde allerdings durch diese Vorwürfe noch nicht in Frage gestellt. Dies geschah erst, als er sich ab 1958 in der Frage der Atomwaffen engagierte: mitten im Kalten Krieg warnte er in Rundfunkansprachen und Briefen vor den unabsehbaren Folgen eines Atomkrieges und wurde damit für viele zum politischen Ärgernis.

Im Herbst 1959 reiste Schweitzer zum letzten

Mal nach Europa und blieb dann bis zu seinem Tod am 4. September 1965 in Lambarene. Den Anfechtungen, denen seine Person ausgesetzt war, begegnete er mit Gelassenheit. So schreibt er 1963 in einem Brief: »Eine große, ruhige Musik umtönt mich innerlich. Ich darf erleben, daß die Ethik der Ehrfurcht vor dem Leben ihren Weg in der Welt zu machen beginnt, das hebt mich über alles hinaus, was man mir vorwerfen oder antun kann.«

Dem Geheimnis und dem Reichtum des Lebens, wie es Schweitzer gesehen und beschrieben hat, spürt auch diese Textauswahl nach. Dabei stehen, wie dies für Schweitzer typisch ist, vor allem die Fragen und Möglichkeiten des alltäglichen Lebens im Mittelpunkt.

Harald Schützeichel

I

Trunken von den Fortschritten des Wissens und Könnens …

Nachdenken über
den Sinn des Lebens

*Der Fortschritt der Wissenschaft
besteht nur darin,
daß sie die Erscheinungen,
in denen das vielgestaltige Leben abläuft,
immer genauer beschreibt,
uns Leben entdecken läßt,
wo wir früher keines annahmen,
und uns instand setzt,
uns den erkannten Ablauf des Willens
zum Leben in der Natur auf diese
oder jene Art nutzbar zu machen.
Was aber Leben ist,
vermag keine Wissenschaft zu sagen.*

KE, 329

Trunken von den Fortschritten des Wissens und Könnens, die über unsere Zeit hereinbrachen, vergaßen wir, uns um den Fortschritt in der Geistigkeit der Menschen zu sorgen. *KE, 361*

Als man gegen Ende des Jahrhunderts auf allen Gebieten Rückschau und Umschau hielt, um seine Errungenschaften festzustellen und zu bewerten, geschah dies mit einem mir unfaßlichen Optimismus. Überall schien man anzunehmen, daß wir nicht nur in Erfindungen und im Wissen vorangekommen seien, sondern uns auch im Geistigen und im Ethischen auf einer nie zuvor erreichten und nie mehr verlierbaren Höhe bewegten. Mir aber wollte es vorkommen, als ob wir im geistigen Leben vergangene Generationen nicht nur nicht überholt hätten, sondern vielfach nur von ihren Errungenschaften zehrten... und daß gar mancherlei von diesem Besitze uns unter den Händen zu zerrinnen begönne. *LD, 111*

O, diese vornehme Kultur, die so erbaulich von Menschenwürde und Menschenrechten zu reden weiß, und die diese Menschenrechte und Menschenwürde an Millionen und Millionen mißachtet und mit Füßen tritt, nur weil sie über dem Meere wohnen, eine andere Hautfarbe haben, sich nicht helfen können; diese Kultur, die nicht weiß, wie hohl und erbärmlich, wie phrasenhaft und gemein sie vor denjenigen steht, die ihr über die Meere nachgehen und sehen, was sie dort leistet, und die kein Recht hat, von Menschenwürde und Menschenrechten zu reden. *Predigt, 6. 1. 1905 (StP, 50)*

Es findet ein Organisieren der Arbeit statt, bei dem die durch Spezialisierung ermöglichten Höchstleistungen der Einzelnen zusammenwirken. Die erzielten Resultate sind großartig. Aber die geistige Bedeutung der Arbeit für den Arbeitenden leidet. Nur ein Teil seiner Fähigkeiten, nicht der ganze Mensch, wird in Anspruch genommen. Dies übt eine Rückwirkung auf sein Wesen aus. Persönlichkeitsbildende Kräfte, die in den umfassenden Arbeitsaufgaben liegen, kommen bei den weniger umfassenden, die dementsprechend im allgemeinen Sinne des Wortes geistloser sind, in Wegfall... Das Schöpferische und Künstlerische in ihm verkümmert.

VW, 26f

Unser ganzes geistiges Leben verläuft innerhalb von Organisationen. Von Jugend auf wird der moderne Mensch so mit dem Gedanken der Disziplin erfüllt, daß er sein Eigendasein verliert und nur noch im Geiste einer Kollektivität zu denken vermag... Für sich und für die anderen setzt der Einzelne voraus, daß mit der Nationalität, der Konfession, der politischen Partei, dem Stande und sonstigen Zugehörigkeiten jedesmal so und so viele Anschauungen zum Voraus und unbeeinflußbar feststehen. Sie gelten als Tabu und sind nicht nur von aller Kritik, sondern auch von der Unterhaltung ausgeschlossen. *VW, 30f*

Wie sehr die Gedankenlosigkeit dem modernen Menschen zur zweiten Natur geworden ist, zeigt sich in der Geselligkeit, die er pflegt. Wo er mit seinesgleichen ein Gespräch führt, wacht er darüber, daß es sich in allgemeinen Bemerkungen halte und sich nicht zu einem wirklichen Austausch von Gedanken entwickele. Er hat nichts Eigenes mehr und wird von einer Art Angst beherrscht, daß Eigenes von ihm verlangt werden könnte. *VW, 25f*

Sein ganzes Leben hindurch ist der heutige Mensch also der Einwirkung von Einflüssen ausgesetzt, die ihm das Vertrauen in das eigene Denken nehmen wollen. Der Geist der geistigen Unselbständigkeit, dem er sich ergeben soll, ist in allem, was er hört und liest; er ist in den Menschen, mit denen er zusammenkommt; er ist in den Parteien und Vereinen, die ihn mit Beschlag belegt haben; er ist in den Verhältnissen, in denen er lebt. Von allen Seiten und auf die mannigfachste Weise wird auf ihn eingewirkt, daß er die Wahrheiten und Überzeugungen, deren er zum Leben bedarf, von den Genossenschaften, die Rechte auf ihn haben, entgegennehme. Der Geist der Zeit läßt ihn nicht zu sich selber kommen. Wie durch die Lichtreklamen, die in den Straßen der Großstadt aufflammen, eine Gesellschaft, die kapitalkräftig genug ist, um sich durchzusetzen, auf Schritt und Tritt Zwang auf ihn ausübt, daß er sich für ihre Schuhwichse oder ihre Suppenwürfel entscheide, so werden ihm fort und fort Überzeugungen aufgedrängt.

Durch den Geist der Zeit wird der heutige Mensch also zum Skeptizismus in bezug auf das eigene Denken angehalten, damit er für autoritative Wahrheit empfänglich werde. Dieser stetigen Beeinflussung kann er nicht den erforderlichen Widerstand leisten, weil er ein überbeschäftigtes, ungesammeltes, zerstreutes Wesen ist. *LD, 163*

Wir müssen aus dem Schlafe aufwachen und unsere Verantwortungen sehen. *WU, 164*

Erst wenn die Sehnsucht, wieder wahrhaft Mensch zu werden, in dem modernen Menschen entzündet wird, kann er sich aus der

Verirrung heimfinden, in der er jetzt, von Wissensdünkel und Könnensstolz geblendet, herumwandelt. *KE, 358*

Die große Revision der Überzeugungen und Ideale, in denen und für die wir leben, kann sich nicht so vollziehen, daß man in die Menschen unserer Zeit andere, bessere Gedanken hineinredet als die, die sie haben. Sie kommt nur so in Gang, daß die Vielen über den Sinn des Lebens nachdenkend werden und ihre Ideale des Wirkens und des Fortschritts danach orientieren, revidieren und erneuern, ob sie im Sinne, den wir unserem Leben geben, sinnvoll sind.

Diese Selbstbesinnung auf das Letzte und Elementarste ist der einzige verläßliche Wertmesser. Nur in dem Maße, als sich die Ziele, die sich das Wirken setzt, aus dem Sinne meines und anderen Lebens rechtfertigen lassen, ist mein Wollen und Tun sinnvoll und wertvoll. Alles andere, mag es durch Überlieferung, Gewöhnung und öffentliches Ansehen noch soviel gelten, ist eitel und gefahrvoll. *VW, 75*

Heute handelt es sich darum, die vielen Einzelnen dazu zu bringen, sich aus der selbstgeschaffenen geistigen Unselbständigkeit herauszuarbeiten. *VW, 32*

Es muß eine Menschheit kommen, in der die Völker durch geistige Ziele miteinander geeint sind, und das Höchste erstreben, was es hienieden geben kann. *Predigt, 13. 10. 1918 (StP, 105)*

In dieses Buch aber lege ich auch meine Überzeugung hinein, daß die Menschheit sich in einer neuen Gesinnung erneuern muß, wenn sie nicht zugrunde gehen will. Ich vertraue ihm auch meinen Glauben an, daß diese Umwälzung sich ereignen wird, wenn wir uns nur entschließen, denkende Menschen zu werden.

KE, 95

Ethisch werden heißt wahrhaft denkend werden. *KE, 328*

Keine andere Art der wirklichen Erneuerung unserer Welt ist denkbar, als daß wir vorerst unter den alten Verhältnissen neue Menschen werden und als eine Gesellschaft mit erneuerter Gesinnung die Gegensätze zwischen den Völkern und in den Völkern so ausgleichen, daß wieder Kulturzustände möglich werden. Alles andere ist mehr oder weniger verlorene Mühe, weil dabei nicht auf den Geist, sondern auf das Äußerliche gesät wird. *VW, 51*

Wo das Bewußtsein schwindet, daß jeder Mensch uns als Mensch etwas angeht, kommen Kultur und Ethik ins Wanken. *VW, 28*

Verzicht auf Denken ist geistige Bankrotterklärung. *LD, 164*

Mit dem Geiste der Zeit befinde ich mich in vollständigem Widerspruch, weil er von Mißachtung des Denkens erfüllt ist. *LD, 162*

Der letzte Entscheid über die Zukunft einer Gesellschaft liegt nicht in der größeren oder geringeren Vollendung ihrer Organisation, sondern in der größeren oder geringeren Wertigkeit ihrer Individuen. *VW, 59*

Meine nur nicht immer, du müßtest immer die gebahnten Wege – Anschluß an eine Gesellschaft, Eintreten in ein Komitee etc. – gehen, sondern du mußt dir daneben noch etwas für dich suchen, wo du ein Stück deiner Person ausgeben kannst, wo du Mensch für Menschen bist... Was not tut, sind Menschen, die das Auge offen haben und tätig sind. Die Gesellschaften sind die großen Flüsse und Kanäle, die das Land durchziehen. Aber sie allein bewässern das Land nicht, sondern die Wässerchen, die in Berg und Tal rieseln, keinen festen, eingedämmten Weg haben, hier auftauchen, sich da verlieren, unscheinbar unter dem Moos dahinziehen, und die kleinen Gräben in der Ebene – diese machen die Aue grünen. So ist es mit der Menschheit: die Gesellschaften für die Werke der Liebe und Hilfe und die sozialen und erzieherischen Aufgaben sind die Bäche und Flußläufe. Aber sie vermögen nichts, wenn nicht allenthalben die kleinen Wässerchen ihren Weg suchen.

Predigt, 12.3.1911

Daß Bachs Kunst in steigendem Maße gewürdigt wird und daß die Zahl derjenigen, denen sie etwas bedeutet, ständig zunimmt, sehe ich als ein günstiges Zeichen für das Werden eines kommenden geistigen Lebens an. In der Hochschätzung Bachs gibt sich kund, daß unter den Menschen unserer Zeit der Sinn für das Einfache, Gediegene, Vollendete, wahrhaft Wertvolle und wahrhaft Tiefe noch vorhanden ist und daß in unserer Welt, die im Banne so viel veräußerlichter und törichter Ideale steht, dennoch auch Kräfte der Verinnerlichung am Werke sind. Verinnerlichung tut unserer Zeit und uns allen not.

An die Niederl. Bachgesellschaft (30.7.1946)

Bach ist ein Erzieher zur Verinnerlichung durch den Geist der religiösen Texte, die er in so ergreifender Weise vertont hat und durch den Geist seiner Musik an sich. Wo seine Töne auf

Menschen einwirken, beeinflussen sie ihn im Sinne der Verinnerlichung. Er ist ein kostbares Geschenk an unsere Zeit, eines der Lichter, die im Dunkel, in dem die heutige Menschheit den Weg zu einer tieferen Geistigkeit suchen muß, erstrahlen. *An die Niederl. Bachgesellschaft (30.7.1946)*

Die Menschen eines Hauses finden kaum Zeit, hastig und abgehetzt miteinander zu essen, aber sie leben nicht mehr miteinander, sie kennen keine ruhigen, beschaulichen Feierstunden mehr, wo ihr Geist ausruht, oder sich in Zwiesprache mit dem andern oder einem zum Nachdenken anregenden Buche erholt; sondern es gibt nur noch angestrengteste Arbeit und geistlose Zerstreuung, die über die Müdigkeit hinwegtäuschen soll. *Predigt, 8.12.1918*

Die gewöhnliche Überbeschäftigung des modernen Menschen in allen Gesellschaftskreisen hat zur Folge, daß das Geistige in ihm verkümmert. Indirekt wird er schon in seiner Kindheit davon betroffen. Seine Eltern, in dem unerbittlichen Arbeitsdasein gefangen, können sich ihm nicht in normaler Weise widmen. Damit kommt etwas für seine Entwicklung Unersetzliches in Wegfall. Später, selber der Überbeschäftigung unterworfen, verfällt er mehr und mehr dem Bedürfnis nach äußerlicher Zerstreuung. Die ihm bleibende Muße in der Beschäftigung mit sich selbst oder in ernster Unterhaltung mit Menschen oder Büchern zu verbringen, erfordert eine Sammlung, die ihm schwer fällt. Absolute Untätigkeit, Ablenkung von sich selbst und Vergessen sind ein physisches Bedürfnis für ihn. Als ein Nichtdenkender will er sich verhalten. Nicht Bildung sucht er, sondern Unterhaltung, und zwar solche, die die geringsten geistigen Anforderungen stellt.

VW, 25

Mit der eigenen Meinung gibt der moderne Mensch auch das eigene sittliche Urteil auf. Um gut zu finden, was die Kollektivität in Wort und Tat dafür ausgibt, und zu verurteilen, was sie für schlecht erklärt, unterdrückt er die Bedenken, die in ihm aufsteigen. *VW, 33*

Wie der Baum Jahr für Jahr dieselbe Frucht, aber jedesmal neu bringt, so müssen auch alle bleibend wertvollen Ideen in dem Denken stets von neuem geboren werden. Unsere Zeit aber will es unternehmen, den unfruchtbaren Baum des Skeptizismus dadurch fruchtbar zu machen, daß sie Früchte der Wahrheit an seine Zweige anbindet. *LD, 165*

Wir brauchen Sammlung mehr als irgendein Geschlecht der Welt, sonst geht unsere Menschheit geistig zugrunde. Sammelt euch ihr, die ihr euch in den Ereignissen zerstreut. Sammelt euch auch ihr, die ihr Sorgen habt, Sorgen um eure Existenz, Sorgen in Weh und Enttäuschung und Leid, die ihr an Menschen erlebt. Vergeßt auch über Sorgen und Weh nicht, mit euch selber allein zu sein... Hört auf den innerlichen Menschen in euch. Werdet stille, daß ihr seine Gedanken vernehmt und glaubet, daß ihr in diesen feierlichen Stunden der Einsamkeit mit euch selbst nicht nur besser werdet an Seele oder Charakter, sondern auch die Kraft findet, das Schwere, was euch das Schicksal und die

Menschen bereiten können, besser zu tragen, zu verzeihen, wo ihr sonst nicht verzeihen könntet, an die Menschen zu glauben, wo sonst Verzweiflung bliebe. *Predigt, 8. 12. 1918*

Was mir Bach ist? Ein Tröster. Er gibt mir den Glauben, daß in der Kunst wie im Leben das wahrhaft Wahre nicht ignoriert und nicht unterdrückt werden kann, auch keiner Menschenhilfe bedarf, sondern sich durch seine eigene Kraft durchsetzt, wenn seine Zeit gekommen. Dieses Glaubens bedürfen wir, um zu leben. Er hatte ihn. So schuf er in kleinen engen Verhältnissen, ohne zu ermüden und zu verzagen, ohne die Welt zu rufen, daß sie von seinen Werken Kenntnis nähme, ohne etwas zu tun, sie der Zukunft zu erhalten, einzig bemüht, das Wahre zu schaffen.

Darum sind seine Werke so groß, und er so groß als seine Werke. Sie predigen uns: stille sein, gesammelt sein. *Bach 1905, 75*

II

Auf den Höhen liegt Helligkeit

Staunen über
das Geheimnis des Lebens

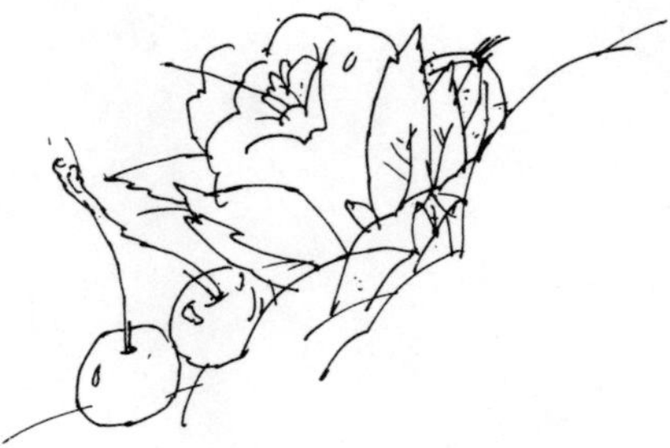

Das letzte Wissen, nach dem wir trachten,
ist das Wissen vom Leben.
Unser Erkennen erschaut das Leben
von außen, unser Wille von innen.
Weil das Leben letzter Gegenstand
des Wissens ist,
wird das letzte Wissen notwendigerweise
denkendes Erleben des Lebens.

VW, 70

Die Welt, dem unwissenden Egoismus überantwortet, ist wie ein Tal, das im Finstern liegt; nur oben auf den Höhen liegt Helligkeit. Alle müssen in dem Dunkel leben, nur eines darf hinaus, das Licht schauen: Das höchste, der Mensch. Er darf zur Erkenntnis der Ehrfurcht vor dem Leben gelangen, er darf zu der Erkenntnis des Miterlebens und Mitleidens gelangen, aus der Unwissenheit heraustreten, in der die übrige Kreatur schmachtet.

Predigt, 23.2.1919 (StP, 131)

Nun bietet die Welt aber das grausige Schauspiel der Selbstentzweiung des Willens zum Leben. Ein Dasein setzt sich auf Kosten des anderen durch, eines zerstört das andere. Nur in dem denkenden Menschen ist der Wille zum Leben um anderen Willen zum Leben wissend geworden und will mit ihm solidarisch sein. Dies kann er aber nicht vollständig durchführen, weil auch der Mensch unter das rätselhafte und grausige Gesetz getan ist, auf Kosten anderen Lebens leben zu müssen und durch Vernichtung und Schädigung von Leben fort und fort schuldig zu werden. Als ethisches Wesen ringt er aber darum, dieser Notwendigkeit, wo er nur immer kann, zu entrinnen, und als einer, der wissend und barmherzig geworden ist, die Selbstentzweiung des Willens zum Leben aufzuheben, soweit der Einfluß seines Daseins reicht. Er dürstet danach, Humanität bewahren zu dürfen und Erlösung von Leiden bringen zu müssen.

LD, 120f

Sinnvolles in Sinnlosem, Sinnvolles in Sinnvollem: dies ist das Wesen des Universums.

KE, 293

Die Natur kennt keine Ehrfurcht vor dem Leben. Sie bringt tausendfältig Leben hervor in der sinnvollsten Weise und zerstört es tausendfältig in der sinnlosesten Weise. Durch alle Stufen des Lebens hindurch bis in die Sphäre des Menschen hinan ist furchtbare Unwissenheit über die Wesen ausgegossen. Sie haben nur den Willen zum Leben, aber nicht die Fähigkeit des Miterlebens, was in anderen Wesen vorgeht; sie leiden, aber sie können nicht mitleiden. Der große Wille zum Leben, der die Natur erhält, ist in rätselhafter Selbstentzweiung mit sich selbst. Diese Wesen leben auf Kosten des Lebens anderer Wesen. *Predigt, 23.2.1919 (StP, 129f)*

Keiner darf die Augen schließen und das Leiden, dessen Anblick er sich erspart, als nicht geschehen ansehen. *KE, 341*

Alles Sein ist für uns unerkennbares und unlösbares Geheimnis. Unser geistiges Leben besteht nicht in dem Erkennen dieses Geheimnisvollen, sondern im Erleben desselben und im Ergriffensein durch es. *An E. R. Jacobi (10.5.1962)*

Welches ist der Unterschied zwischen einem Gelehrten, der die kleinsten und ungeahntesten Lebenserscheinungen im Mikroskop beobachtet, und dem alten Landmann, der kaum lesen und schreiben kann, wenn er im Frühling sinnend in seinem Garten steht und die Blüte betrachtet, die am Zweige des Baumes aufbricht? Beide stehen vor dem Rätsel des Lebens, und einer kann es weitgehender beschreiben wie der andere, aber für beide ist es gleich unergründlich. Alles Wissen ist zuletzt Wissen vom Leben und alles Erkennen Staunen über das Rätsel des Lebens. *Predigt, 16. 2. 1919 (StP, 122)*

Die elementare, uns in jedem Augenblick unseres Daseins zum Bewußtsein kommende Tatsache ist: Ich bin Leben, das leben will, inmitten von Leben, das leben will. Das Geheimnisvolle meines Willens zum Leben ist, daß ich mich genötigt fühle, mich gegen allen Willen zum Leben, der neben dem meinen im Dasein ist, teilnahmsvoll zu verhalten. Das Wesen des Guten ist: Leben erhalten, Leben fördern, Leben auf seinen höchsten Wert bringen. Das Wesen des Bösen ist: Leben vernichten, Leben schädigen, Leben in seiner Entwicklung hemmen.

PdE, 86f

Das Wesen des Willens zum Leben ist, daß er sich ausleben will. Er trägt den Drang in sich, sich in höchstmöglicher Vollkommenheit zu verwirklichen. Im blühenden Baum, in den Wunderformen der Qualle, im Grashalm, im Kristall: überall strebt er danach, Vollkommenheit, die in ihm angelegt ist, zu erreichen.

KE, 302

Ehrfurcht vor dem Leben ist Ergriffensein von dem unendlichen, unergründlichen, vorwärtstreibenden Willen, in dem alles Sein gegründet ist. Sie hebt uns über alle Erkenntnis der Dinge hinaus und läßt uns zum Baum werden, der vor der Dürre bewahrt wird, weil er an den Wasserbächen gepflanzt ist. *KE, 303*

Ich kann nicht anders, als mich an die Tatsache halten, daß der Wille zum Leben in mir als Wille zum Leben auftritt, der mit anderm Willen zum Leben eins werden will. Sie ist mir das Licht, das in der Finsternis scheint. Die Unwissenheit, unter die die Welt getan ist, ist von mir genommen. Ich bin aus der Welt erlöst. *KE, 334*

Lassen Sie mich ein Gleichnis gebrauchen. Es gibt einen Ozean. Kaltes Wasser, unbewegt. In dem Ozean aber ist der Golfstrom, heißes Wasser, das vom Äquator zum Pole fließt. Fragen Sie alle Gelehrten, wie es physikalisch vorstellbar ist, daß zwischen den Wassern des Ozeans, wie zwischen zwei Ufern, ein Strom heißen Wassers fließt, bewegt in dem Unbewegten, heiß in dem Kalten. Sie können es nicht erklären. So ist der Gott der Liebe in dem Gott der Weltkräfte eins mit ihm, und doch so ganz anders als er. *ChW, 59*

Vertiefst du dich ins Leben, schaust du mit sehenden Augen in das gewaltige belebte Chaos dieses Seins, dann ergreift es dich plötzlich wie ein Schwindel. In allem findest du dich wieder. Der Käfer, der tot am Wege liegt – er war etwas, das lebte, um sein Dasein rang wie du, an der Sonne sich erfreute wie du, Angst und Schmerzen kannte wie du, und nun nichts mehr ist als verwesende Materie – wie du über kurz oder lang sein wirst. –

Du gehst draußen und es schneit. Achtlos schüttelst du den Schnee von den Ärmeln. Da mußt du schauen: Eine Flocke glänzt auf deiner Hand. Du mußt sie schauen, ob du willst oder nicht, sie glänzt in wundervoller Zeichnung; dann kommt ein Zucken in sie: Die feinen Nadeln, aus denen sie besteht, ziehen sich zusammen, sie ist nicht mehr – geschmolzen, gestorben auf deiner Hand. Die Flocke, die aus dem unendlichen Raum auf deine Hand fiel, dort glänzte, zuckte und starb – das bist du. Überall wo du Leben siehst – das bist du!

Was ist also das Erkennen, das gelehrteste wie das kindlichste: Ehrfurcht vor dem Leben, vor dem Unbegreiflichen, das uns im All entgegentritt und das ist wie wir selbst, verschieden in der äußeren Erscheinung und doch innerlich gleichen Wesens mit uns, uns furchtbar ähnlich, furchtbar verwandt. Aufhebung des Fremdseins zwischen uns und den andern Wesen.

Predigt, 16. 2. 1919 (StP, 122f)

Leben heißt für uns nicht nur, unsere eigenen Schicksale erleben, sondern alles, was sich mit anderem Sein um uns ereignet, mit der Kreatur wie mit den Menschen, zugleich als ein dem unsrigen nicht fremdes Schicksal miterleben, die Sorge in Sorge mitempfinden, die Angst als unsere Angst mitmachen, mithelfen, wo eine Anstrengung gemacht wird auf Erhaltung oder auf Steigerung und Vervollkommnung des Lebens. Miterleben heißt, sich für alles, was sich in unserem Bereiche abspielt, verantwortlich fühlen. *Predigt, 15. 6. 1919 (Wswt, 125)*

Die subjektive, extensiv und intensiv ins Grenzenlose gehende Verantwortlichkeit für alles in seinen Bereich tretende Leben, wie sie der innerlich von der Welt freigewordene Mensch erlebt und zu verwirklichen sucht: dies ist Ethik.

KE, 327

Wenn in der Sanftmut des Anderssein als die Welt ein anderer und ich uns in Verstehen und Verzeihen helfen, wo sonst Wille andern Willen quälen würde, ist die Selbstentzweiung des Willens zum Leben aufgehoben. Wenn ich ein Insekt aus dem Tümpel rette, so hat sich Leben an Leben hingegeben und die Selbstentzweiung ist aufgehoben. *KE, 334*

Sittlich sind wir, wenn wir aus unserm Eigensinn heraustreten, die Fremdheit den anderen Wesen gegenüber ablegen und alles, was sich von ihrem Erleben um uns abspielt, miterleben und miterleiden. In dieser Eigenschaft erst sind wir wahrhaft Menschen; in ihr besitzen wir eine eigene, unverlierbare, fort und fort entwikkelbare, sich orientierende Sittlichkeit.

Predigt, 23.2.1919 (StP, 128)

Wo in irgendeiner Weise mein Leben sich an Leben hingibt, erlebt mein endlicher Wille zum Leben das Einswerden mit dem unendlichen, in dem alles Leben eins ist. *KE, 334*

Tiefe Weltanschauung ist Mystik insofern, als sie den Menschen in ein geistiges Verhältnis zum Unendlichen bringt. Die Weltanschauung der Ehrfurcht vor dem Leben ist ethische Mystik. Sie läßt das Einswerden mit dem Unendlichen durch ethische Tat verwirklicht werden.

LD, 174

Die Ethik muß aus der Mystik kommen wollen. Die Mystik ihrerseits darf niemals meinen, um ihrer selbst willen da zu sein. Sie ist nicht die Blume, sondern nur der Kelch einer Blume. Die Blume ist die Ethik. Mystik, die für sich ist, ist das Salz, das dumm wird. *KE, 325*

Alles Denken, das in die Tiefe geht, endet in ethischer Mystik. *LD, 150*

Bach ist einer der größten Mystiker, die je unter Menschen aufgestanden sind. Er hat den inneren Frieden gefunden. Seine Seele ist stille geworden in dem unendlichen Geiste Gottes.

ESB, X

Nicht durch das Denken und Nachsinnen erfaßt man das große Geheimnis, das über der Welt und unserm Dasein schwebt, sondern die höhere Erkenntnis, die geht erst auf in dem Wirken, in dem Arbeiten. Darum ist für diese höchste Erkenntnis kein Unterschied zwischen

Weisen und Unmündigen, sondern dem Unmündigen wird geoffenbart, was dem Weisen verschlossen ist – wenn er wirkt.

Predigt, 11.5.1902 (StP, 16)

Wahre Ethik fängt an, wo der Gebrauch der Worte aufhört. *KE, 337*

Die Abstraktion ist der Tod der Ethik, denn Ethik ist lebendige Beziehung zu lebendigem Leben. *KE, 325*

Die Ethik der Ehrfurcht vor dem Leben erkennt keine relative Ethik an. Als gut läßt sie nur Erhaltung und Förderung von Leben gelten. Alles Vernichten und Schädigen von Leben, unter welchen Umständen es auch erfolgen mag, bezeichnet sie als böse. Gebrauchsfertig zu beziehende Ausgleiche von Ethik und Notwendigkeit hält sie nicht auf Lager. *KE, 339*

Der größte Feind der Sittlichkeit ist die Abstumpfung. *Predigt, 23.2.1919 (StP, 129)*

Nur subjektive Entscheide kann der Mensch in den ethischen Konflikten treffen. Niemand kann für ihn bestimmen, wo jedesmal die äußerste Grenze der Möglichkeit des Verharrens in der Erhaltung und Förderung von Leben liegt. Er allein hat es zu beurteilen, indem er sich dabei von der aufs höchste gesteigerten Verantwortung gegen das andere Leben leiten läßt.

KE, 340

Die Ehrfurcht vor dem Leben ist die höchste Instanz. Was sie gebietet, hat seine Bedeutung auch dann, wenn es töricht oder vergeblich scheint. *KE, 343*

Wir gleichen alle dem Menschen, der draußen in der Kälte und im Schnee geht. Wehe ihm, wenn er sich hinsetzt, um der Ermattung nachzugeben und zu schlafen: Er wird nicht mehr erwachen. So erstirbt der sittliche Mensch in uns, wenn wir müde werden, was die andern Wesen um uns herum erleben, mitzuerleben, mit ihnen zu leiden. *Predigt, 23.2.1919 (StP, 129)*

III

Er reißt kein Blatt vom Baume ab

Sich verantwortlich fühlen für alles Lebendige

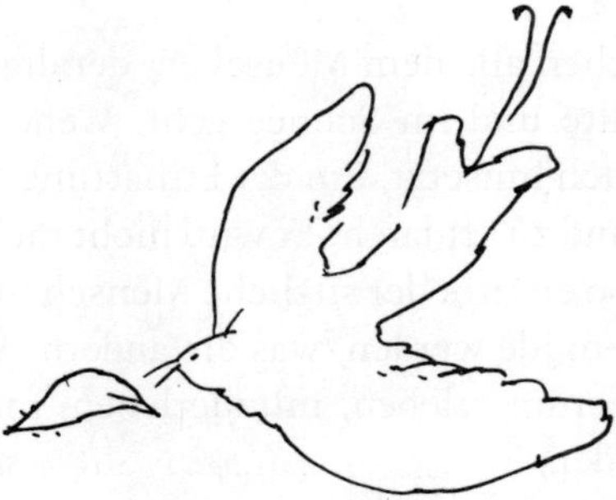

Leben erhalten ist das einzige Glück.

Predigt, 23.2.1919 (StP, 135)

Wahrhaft ethisch ist der Mensch nur, wenn er der Nötigung gehorcht, allem Leben, dem er beistehen kann, zu helfen, und sich scheut, irgend etwas Lebendigem Schaden zu tun. Er fragt nicht, inwiefern dieses oder jenes Leben als wertvoll Anteilnahme verdient, und auch nicht, ob und inwieweit es noch empfindungsfähig ist. Das Leben als solches ist ihm heilig. Er reißt kein Blatt vom Baume ab, bricht keine Blume und hat acht, daß er kein Insekt zertritt. Wenn er im Sommer nachts bei der Lampe arbeitet, hält er lieber das Fenster geschlossen und atmet dumpfe Luft, als daß er Insekt um Insekt mit versengten Flügeln auf seinen Tisch fallen sieht. *KE, 331*

Der große Fehler aller bisherigen Ethik ist, daß sie es nur mit dem Verhalten des Menschen zum Menschen zu tun zu haben glaubte. In Wirklichkeit aber handelt es sich darum, wie er sich zur Welt und allem Leben, das in seinen Bereich tritt, verhält. Ethisch ist er nur, wenn ihm das Leben als solches, das der Pflanze und des Tieres wie das des Menschen, heilig ist und er sich dem Leben, das in Not ist, helfend hingibt. Nur die universelle Ethik des Erlebens der ins Grenzenlose erweiterten Verantwortung gegen alles, was lebt, läßt sich im Denken begründen. Die Ethik des Verhaltens von Mensch zu Mensch ist nicht etwas für sich, sondern nur ein Besonderes, das sich aus jenem Allgemeinen ergibt. *LD, 120*

Wie die Hausfrau, die die Stube gescheuert hat, Sorge trägt, daß die Türe zu ist, damit ja der Hund nicht hereinkomme und das getane Werk durch Spuren seiner Pfoten entstelle, also wachen die europäischen Denker darüber, daß ihnen keine Tiere in der Ethik herumlaufen.

KE, 317

Die Vernunft entdeckt das Mittelstück zwischen der Liebe zu Gott und der Liebe zu den Menschen – die Liebe zur Kreatur, die Ehrfurcht vor allem Sein, das Miterleben allen Lebens, mag es dem unseren äußerlich noch so unähnlich sein. *Predigt, 16. 2. 1919 (StP, 124)*

Einst galt es als eine Torheit, anzunehmen, daß die farbigen Menschen wahrhaft Menschen seien und menschlich behandelt werden müßten. Die Torheit ist zur Wahrheit geworden. Heute gilt es als übertrieben, die stete Rücksichtnahme auf alles Lebendige bis zu seinen niedersten Erscheinungen herab als Forderung einer vernunftgemäßen Ethik auszugeben. Es kommt aber die Zeit, wo man staunen wird, daß die Menschheit so lange brauchte, um gedankenlose Schädigung von Leben als mit Ethik unvereinbar einzusehen. *KE, 332*

Besonders befremdlich findet man an der Ethik der Ehrfurcht vor dem Leben, daß sie den Unterschied zwischen höherem und niederem, wertvollerem und weniger wertvollem Leben nicht geltend mache. Sie hat ihre Gründe, dies zu unterlassen.

Das Unternehmen, allgemeingültige Wertunterschiede zwischen den Lebewesen zu statuieren, läuft darauf hinaus, sie danach zu beurteilen, ob sie uns Menschen nach unserem Empfinden näher oder ferner zu stehen scheinen, was ein ganz subjektiver Maßstab ist. Wer von uns weiß, was das andere Lebewesen an sich und in dem Weltganzen für eine Bedeutung hat?

Im Gefolge dieser Unterscheidung kommt dann die Ansicht auf, daß es wertloses Leben gäbe, dessen Schädigung und Vernichtung nichts auf sich habe. Unter wertlosem Leben werden dann, je nach den Umständen, Arten von Insekten oder primitive Völker verstanden.

LD, 172f

Es ist der wissende Mensch ein Erlöser der Kreatur; so weit seine Macht und Kraft reicht, kann er die Qual von der Kreatur nehmen. Wie furchtbar, wenn der Mensch, statt zu erlösen, schuldig wird und quält! *Predigt, (13. 12. 1908)*

Die Ethik, die sich nicht auch mit unserem Verhalten zur Kreatur beschäftigt, ist unvollständig.

PdE, 84

Du gehst auf einem Waldpfad; die Sonne scheint in hellen Flecken durch die Wipfel hindurch; die Vögel singen; tausend Insekten summen froh in der Luft. Aber dein Weg, ohne daß du etwas dafür kannst, ist Tod. Da quält sich eine Ameise, die du zertreten, dort ein Käferchen, das du zerquetscht, dort windet sich ein Wurm, über den dein Fuß gegangen. In das herrliche Lied vom Leben klingt die Melodie von dem Weh und Tod, die von dir, dem unschuldig Schuldigen kommen, hinein. Und so fühlst du in allem, was du Gutes tun willst, die furchtbare Ohnmacht, zu helfen wie du wolltest.

Predigt, 23.2.1919 (StP, 133)

Gar vielen Menschen ist es gar nicht mehr bewußt, daß sie mithaften für das, was die Kreatur bei uns erduldet. Sie denken auch, daß wir es eigentlich recht weit gebracht haben. Wir haben

Tierschutzvereine, wir haben Polizei; die werden schon die nötige Vorsorge treffen. Wer aber die Augen aufmacht, der erwacht aus dieser Sicherheit und sieht, was alles geschieht, weil keine Menschen da sind, die über die Kreatur wachen. *Predigt, 13.12.1908*

Gerade dadurch, daß das Tier als Versuchstier in seinem Schmerze so Wertvolles für den leidenden Menschen erworben hat, ist ein neues, einzigartiges Solidaritätsverhältnis zwischen ihm und uns geschaffen worden. Ein Zwang, aller Kreatur alles irgend mögliche Gute anzutun, ergibt sich daraus für jeden von uns. Indem ich einem Insekt aus seiner Not helfe, tue ich nichts anderes, als daß ich versuche, etwas von der immer neuen Schuld der Menschen an die Kreatur abzutragen. *KE, 341*

Diejenigen, die an Tieren Operationen oder Medikamente versuchen oder ihnen Krankheiten einimpfen, um mit den gewonnenen Resultaten Menschen Hilfe bringen zu können, dürfen sich nie allgemein dabei beruhigen, daß ihr grausames Tun einen wertvollen Zweck verfolge. In jedem einzelnen Falle müssen sie erwogen haben, ob wirklich Notwendigkeit vorliegt, einem Tiere dieses Opfer für die Menschheit aufzuerlegen. Und ängstlich müssen sie darum besorgt sein, das Weh, soviel sie nur können, zu mildern. *KE, 340f*

Daß wir gezwungen sind, vielfältig Leben zu vernichten, sei es für unsere Erhaltung, sei es, um Tiere, die geboren werden und die wir nicht erhalten können, abzuschaffen, sei es, um uns vor schädlichen Tieren zu schützen: das ist das furchtbare Gesetz der Entzweiung des Willens zum Leben, dem wir unterworfen sind. Nie dürfen wir uns gedankenlos darein ergeben. Immer ist es uns gleich furchtbar, gleich unheimlich. Aber das eine müssen und können wir tun: die Verantwortung in jedem einzelnen Fall erwägen, die Notwendigkeit prüfen und dann auf die schonendste Art vorgehen.

Predigt, 2.3.1919 (Wswt, 54)

Dem wahrhaft ethischen Menschen ist alles Leben heilig, auch das, das uns vom Menschenstandpunkt aus als tiefer stehend vorkommt. Unterschiede macht er nur von Fall zu Fall und unter dem Zwange der Notwendigkeit, wenn er nämlich in die Lage kommt, entscheiden zu müssen, welches Leben er zur Erhaltung des anderen zu opfern hat. Bei diesem Entscheiden von Fall zu Fall ist er sich bewußt, subjektiv und willkürlich zu verfahren und die Verantwortung für das geopferte Leben zu tragen zu haben.

Ich freue mich über die neuen Schlafkrankheitsmittel, die mir erlauben, Leben zu erhalten, wo ich früher qualvollem Siechtum zusehen mußte. Jedesmal aber, wenn ich unter dem Mikroskop die Erreger der Schlafkrankheit vor mir habe, kann ich doch nicht anders, als mir Gedanken darüber zu machen, daß ich dieses Leben vernichten muß, um anderes zu erretten.

LD, 173

Wir müssen jedes Vernichten immer als etwas Furchtbares empfinden und uns in jedem einzelnen Falle fragen, ob wir die Verantwortung dazu tragen können, ob es nötig ist oder nicht.

Predigt, 2.3.1919 (Wswt, 49)

Daß wir dem Gesetz, leben zu müssen, indem wir das niedere Leben dem höheren opfern, in tausendfältiger Weise unterworfen sind, ist furchtbar. Nur etwas gibt es, das es uns auf Zeit vergessen läßt und wie in eine andere Welt versetzt: das Leben-Erhalten und das Helfen-Können. Halte deine Augen offen, damit du die Gelegenheit nicht versäumst, wo du Erlöser sein darfst! Geh nicht achtlos an dem armen Insekt, das ins Wasser gefallen ist, vorüber, sondern ahne, was es heißt: mit dem Wassertod ringen. Hilf ihm mit einem Haken oder einem Hölzchen heraus, und wenn es sich dann die Flügel putzt, so wisse, es ist dir etwas Wunderbares widerfahren: das Glück, Leben gerettet zu haben –, im Auftrage und in der Machtvollkommenheit Gottes gehandelt zu haben. Der Wurm auf der harten Straße, auf die er sich verirrt hat, verschmachtet, weil er sich nicht einbohren kann. Lege ihn aufs weiche Erdreich oder ins Gras! »Was ihr getan habt einem dieser Geringsten, das habt ihr mir getan« – dies Wort Jesu gilt nun für uns alle, was wir auch der geringsten Kreatur tun. *Predigt, 2.3.1919 (Wswt, 55)*

Reiß keine Blume, kein Blatt ab! Siehst du ein Pflänzchen, auch das gewöhnlichste, vor dir auf deinem Pfade, tritt so, daß du es nicht zertrittst, wenn du es vermeiden kannst! Gehst du mit Kindern in die Natur, laß sie nicht gedankenlos Blumen brechen, schon in der ersten Stunde, die dann in den heißen Händchen welken und die sie dann, weil sie ihnen unbequem werden, achtlos wegwerfen, sondern wage, sie von den ersten Jahren an zur Ehrfurcht vor dem Leben zu erziehen! Mache dich meinetwegen vor gedankenlosen Menschen lächerlich, die über solche Marotten spotten. Aber die Kinder werden von dem Schauer des Geheimnisses ergriffen werden und dir einmal danken, daß du die große Melodie der Ehrfurcht vor dem Leben in ihnen geweckt hast. Die Spottenden selbst aber werden von der elementaren Wahrheit in dem, was sie ungewohnt berührt, mehr bewegt, als sie zugestehen werden. *Predigt, 2.3.1919 (Wswt, 48)*

Besondere Arbeit nehmen wir aus Mitleid mit den Palmbäumen auf uns. Der Platz, auf den unser Wohnhaus kommen soll, ist mit Ölpalmen bestanden. Das einfachste wäre, sie abzuhauen. Eine Ölpalme hat hier keinen Wert. Es gibt ihrer so viele. Wir bringen es aber nicht übers Herz, sie der Axt zu überantworten, gerade jetzt, wo sie, vom Schlinggewächs befreit, ein neues Dasein beginnen. Also verwenden wir unsere Mußestunden darauf, diejenigen, die noch versetzbar sind, vorsichtig auszugraben und anderswohin zu verpflanzen, was eine große Arbeit ist. *BrL, 672*

Für den sittlichen Menschen gibt es kein gutes Gewissen, sondern immer nur Kampf mit sich selber, Zweifel und Frage, ob er gewesen ist, wie er nach den Forderungen der verinnerlichten

Menschlichkeit sein soll, Angst, daß er dem sittlichen Menschen in sich das Wort verbietet, wo er gebieten soll. *Predigt, 3. 5. 1919 (Wswt, 83)*

Das gute Gewissen ist eine Erfindung des Teufels. *KE, 340*

So sehr mich das Problem des Elends in der Welt beschäftigte, so verlor ich mich doch nie in Grübeln darüber, sondern hielt mich an den Gedanken, daß es jedem von uns verliehen sei, etwas von diesem Elend zum Aufhören zu bringen. *LD, 179*

In den alten Büchern über Sittenlehre ist so schön geschieden zwischen Pflichten gegen sich selbst und Pflichten gegen den Nächsten. In Wirklichkeit aber lassen sie sich nicht so säuberlich auseinanderhalten, wie wir es möchten. In dem Bestreben, an sich legitime Selbsterhaltung zu üben, komme ich dazu, in das Dasein anderer schädigend einzugreifen. Die Selbstentzweiung des Willens zum Leben, wie sie in dem menschlichen Kampf ums Dasein in die Erscheinung tritt, bringt dies mit sich. Mein Fortkommen und das dieses oder jenes andern Menschen sind nicht immer in Harmonie zu bringen...

Ein Mensch bringt eine Verbesserung an einer Maschine an, die die Produktion eines bestimmten Artikels um einige Prozente verbilligt. Sein Patent trägt ihm viel ein, und er wird als großer Erfinder gepriesen. Aber sein Glück ist mit dem Unglück so vieler anderer erkauft, die nicht das Kapital besitzen, ihre Betriebe mit den verbesserten Maschinen auszustatten, und die nun notwendig zugrunde gehen.

Ich bewerbe mich um eine Stellung und habe Aussicht anzukommen. Ein anderer, der es viel schwerer hat als ich und gerade auf diese Stelle seine letzte Hoffnung gesetzt hatte, muß zurücktreten, weil man mich als den geeigneteren ansieht. Darf ich dies geschehen lassen? Kann ich die Verantwortung tragen, daß er durch mich, weil ich ihm gerade im Wege stehe, geschädigt wird? *Predigt, 30.3./3.5.1919 (Wswt, 76f)*

Du mußt in jedem einzelnen Fall aus Überzeugung, nach deinem Gewissen handeln und wirst vielleicht das eine Mal so, ein anderes Mal anders tun. *Predigt, 2. 3. 1919 (Wswt, 53)*

Eben habe ich einen Moskito getötet, der mich umflog beim Lampenlicht. In Europa würde ich ihn nicht töten, obgleich er mir lästig ist. Aber hier, wo er die gefährlichste Form der Malaria verbreitet, nehme ich mir das Recht, ihn zu töten, obwohl ich es nicht gerne tue. Das Wichtige ist, daß wir alle recht nachdenklich werden über die Frage, wann Schädigen und Töten statthaben darf.

Die meisten Menschen kennen diese Frage ja noch nicht recht. Sie stehen noch auf dem Standpunkt, der gedankenloses Schädigen und Töten gutheißt und Freude am Sport des Tötens (Jagd, Fischen, ohne es berufsmäßig zu müssen) gutheißt. In mein Spital kamen Leute, die unterwegs auf dem Fluß, aus Sport nach allem Getier, das sie sahen, schossen: Nach dem Pelikan (der zur Zeit seine drei Jungen ernähren muß), nach dem Kaiman, der auf einem ins Wasser hinausragenden Ast schläft, auf den Affen, der auf ein Boot schaut.

Diese suche ich alle zum Nachdenken zu bringen. Wie viel wird schon erreicht sein, wenn die Menschen anfangen nachdenklich zu werden und zur weisen Einsicht kommen, daß sie nur, wo die Not es gebietet, schädigen und töten dürfen. *An J. Eisendraht (1951): Br, 207*

Man hat mir vier junge arme Pelikane gebracht, denen gefühllose Menschen die Flügel übel beschnitten haben, so daß sie nicht fliegen können. Nun wird es 2–3 Monate dauern, bis ihnen die Flügel nachgewachsen sind und sie in der Freiheit existieren können. Ich habe einen Fischer angestellt, der die nötigen Fische zu ihrer Ernährung fängt. Jedesmal tun mir die armen Fische in der Seele weh. Aber ich habe nur die Wahl, entweder die vier Pelikane zu töten, die dem Hungertode ausgeliefert wären, oder die Fische. Ob ich recht tue, mich für dies statt für das andere zu entscheiden, weiß ich nicht.

An J. Eisendraht (1951): Br, 207

Vor einer besonderen Versuchung zur Mißachtung der Ehrfurcht vor dem Leben müssen wir uns alle hüten: wir werden leicht mitleidslos dem unsympathischen Geschöpf gegenüber oder dem, das wir als böse kennen... Um Ratten, Mäuse und anderes Getier zu vertilgen, scheint uns jedes Mittel recht, auch das, von dem wir wissen, daß es furchtbar lange Qual und Todesangst mit sich bringt. Davon müssen wir uns frei machen. Auch dem unsympathischen und schädlichen Tier gegenüber müssen wir uns immer der Verantwortung in jedem einzelnen Falle bewußt bleiben, daß wir es, nur wenn eine Notwendigkeit vorliegt, töten dürfen und dann sinnen müssen, dies mit dem am wenigsten qualvollen Mitteln zu tun. Auch aus Angst und Widerwillen dürfen wird nicht grausam werden. *Predigt, 2. 3. 1919 (Wswt, 52)*

Wie die Welle nicht für sich sein kann, sondern stetig an dem Wogen des Ozeans teilhat, also soll ich mein Leben nie für sich leben, sondern immer in dem Erleben, das um mich her stattfindet... Was du an Gesundheit, an Gaben, an

Leistungsfähigkeit, an Erfolg, an schöner Kindheit, an harmonischen häuslichen Verhältnissen mehr empfangen hast als andere, darfst du nicht als selbstverständlich hinnehmen. Du mußt einen Preis dafür entrichten. Außergewöhnliche Hingabe von Leben an Leben mußt du leisten. *KE, 344*

Die, die an sich erfuhren, was Angst und körperliches Weh sind, gehören in der ganzen Welt zusammen. Ein geheimnisvolles Band verbindet sie. Miteinander kennen sie das Grausige, dem der Mensch unterworfen sein kann, und miteinander die Sehnsucht, vom Schmerze frei zu werden. Wer vom Schmerz erlöst wurde, darf nicht meinen, er sei nun wieder frei und könne unbefangen ins Leben zurücktreten, wie er vordem darin stand. Wissend geworden über Schmerz und Angst, muß er mithelfen, dem Schmerz und der Angst zu begegnen, soweit Menschenmacht etwas über sie vermag, und andern Erlösung zu bringen, wie ihm Erlösung ward.

Wer durch ärztliche Hilfe aus schwerer

Krankheit gerettet wurde, muß mithelfen, daß die, die sonst keinen Arzt hätten, einen Helfer bekommen, wie er einen hatte.

Wer durch eine Operation vom Tode oder der Qual bewahrt wurde, muß mithelfen, daß da, wo jetzt Tod und Qual noch ungehemmt herrschen, der barmherzige Betäubungsstoff und das helfende Messer ihr Werk beginnen können...

Wo das Todesleiden eines Menschen hätte furchtbar werden können, durch die Kunst eines Arztes aber sanft werden durfte, müssen die, die sein Lager umstanden, mithelfen, daß andern derselbe letzte Trost für ihre Lieben zuteil werden könne.

Dies ist die Brüderschaft der vom Schmerz Gezeichneten. *WU, 166f*

IV

Sein wie ein Kind

Als unverbrauchter Mensch durchs Leben gehen

Unsere Kindheit ist das Vorspiel zu unserm Leben, in dem eine große Melodie sich als Thema ankündigt. Weil wir alles noch traumhaft erleben, haben wir den Dingen gegenüber eine Unmittelbarkeit, Freiheit und Reinheit, die uns wie ein traumhaftes Erlebnis zurückbleibt und wie eine Melodie in uns weiterzittert. Und wenn dann das Leben kommt, und wir es nicht mehr traumhaft, sondern wirklich erleben und uns mit ihm auseinandersetzen müssen und die Motive fremd auf uns eindringen, dann soll diese Melodie nicht langsam verklingen, sondern wachsen und wachsen, wie in einer großen Symphonie die andern Motive unter sich zwingen und zuletzt sich in ihrem ganzen Reichtum entfalten und in ihrer gewaltigen Größe dastehen, weil sie sich mit allen Motiven auseinandergesetzt hat, und sie in Harmonie zu sich gebracht hat. Predigt, 2. 3. 191

Als Kind hat jeder Mensch ein Sehnen nach einem großen Glück, das ihm das Leben bringen soll, und nachher verlieren es die meisten Menschen, weil sie ihr Sehnen auf kleine Erfolge und Eitelkeiten einstellen und lassen sich einreden, das große Glück, nach dem sie sich sehnten, sei eben nur ein Kindertraum gewesen, statt daß sie sich sagen, ich will es finden, nicht so wie ich es mir als Kind gedacht, aber dennoch finden so wie es sein muß...

Das »Sein wie ein Kind« hat also mit dem äußeren Sichgeben nichts zu tun, sondern es ist ganz allgemein gesagt, eine Einfachheit und Ursprünglichkeit des Denkens, Empfindens und Wollens, die wir uns wahren und immer wieder erwerben müssen, um nicht durch das, was von außen auf uns wirkt, irre zu werden.

Predigt, 2.3.1913

Das große Geheimnis ist, als unverbrauchter Mensch durchs Leben zu gehen. Solches vermag, wer nicht mit den Menschen und Tatsachen rechnet, sondern in allen Erlebnissen auf sich selbst zurückgeworfen wird und den letzten Grund der Dinge in sich sucht. *KJ, 59*

Als Kinder hatten wir, soweit unser Verständnis für die Dinge ging, eine elementare Fähigkeit des Mitleidens. Aber diese Fähigkeit ist mit den Jahren und mit dem zunehmenden Verständnis nicht gewachsen. Sie war uns etwas Unbequemes, Verwirrendes. Wir sahen so viele Menschen, die sie nicht mehr besaßen. Dann drängten auch wir die Empfindsamkeit zurück, um zu werden wie die andern, um nicht anders zu sein als sie und weil wir uns nicht Rat wußten. So werden die vielen Menschen wie Häuser, bei denen sich ein Laden nach dem andern schließt und die dann kalt und fremd in die Straße hineinschauen. *Predigt, 23. 2. 1919 (StP, 129)*

Der Gedanke, daß ich eine so einzigartig glückliche Jugend erleben durfte, beschäftigte mich fort und fort. Er erdrückte mich geradezu. Immer deutlicher trat die Frage vor mich, ob ich dieses Glück denn als etwas Selbstverständliches hinnehmen dürfe. So wurde die Frage nach dem Recht auf Glück das zweite große Erlebnis für mich. Als solches trat sie neben das andere, das mich schon von meiner Kindheit her begleitete, das Ergriffensein von dem Weh, das um uns herum in der Welt herrscht. Diese beiden Erlebnisse schoben sich langsam ineinander. Damit entschied sich meine Auffassung des Lebens und das Schicksal meines Lebens.

KJ, 46f

Noch ein anderes bewegt mich, wenn ich an meine Jugend zurückdenke: die Tatsache, daß so viele Menschen mir etwas gaben oder etwas waren, ohne daß sie es wußten... So weiß auch keiner von uns, was er wirkt und was er Menschen gibt. Es ist für uns verborgen und soll es bleiben. Manchmal dürfen wir ein klein wenig davon sehen, um nicht mutlos zu werden. *KJ, 51f*

Mit jedem Menschenleben hat Gott einen Zweck in der Welt. Jeder von uns ist da, um auf der Welt einen bestimmten Willen von ihm auszuführen. Er ist für jeden ein anderer und es ist schwer, von außen einem Menschen zu sagen: das und das ist der Wille Gottes, den du in deinem Leben erfüllen sollst... So mannigfach ist der Wille Gottes, daß man es gar nicht beschreiben kann; von dem einen verlangt er seine ganze Existenz, sein ganzes Glück für seinen Willen; für den andern läuft sein Wille gewissermaßen neben seinem Leben hin und besteht in etwas ganz unscheinbaren, das er zu erfüllen oder zu ertragen hat – und oft merken die Menschen den Willen Gottes nicht, weil er in etwas Unscheinbarem besteht. Und dieser kleine Wille Gottes ist oft schwerer zu erfüllen als der große – denn es ist manchmal ein Sich-Überwinden, ein Geduldhaben, ein Schaffen ohne Anerkennung.

Und manche Menschen wissen den Willen Gottes – aber sie können sich nicht überwinden, ihn zu tun, denn er reißt sie heraus aus ihrer Bequemlichkeit und aus dem Leben, das sie sich zurechtgemacht haben...

Und zuletzt geht es auch hier wie im Gleichnis von den Arbeitern im Weinberg: Zu den einen kommt er in der ersten Morgenstunde ihres Lebens und nimmt sie in seinen Dienst, zu den andern in der vollen Mittagszeit ihres Daseins, zu den andern, wenn schon die Schatten sich herabsenken. Wenn wir nur da sind und warten und in dem, was uns begegnet, erkennen, daß er an uns herantritt, damit wir seinen Willen tun – im Wirken oder Leiden.

Predigt, 13.2.1904

Als unverlierbaren Kinderglauben habe ich mir den an die Wahrheit bewahrt. Ich bin der Zuversicht, daß der aus der Wahrheit kommende Geist stärker ist als die Macht der Verhältnisse.

LD, 179

Wir alle müssen darauf vorbereitet sein, daß das Leben uns den Glauben an das Gute und Wahre und die Begeisterung dafür nehmen will. Aber wir brauchen sie ihm nicht preiszugeben.

KJ, 57

Der Ausdruck »reif« auf den Menschen angewandt, war mir und ist mir noch immer etwas Unheimliches. Ich höre dabei die Worte Verarmung, Verkümmerung, Abstumpfung als Dissonanzen miterklingen. Was wir gewöhnlich als Reife an einem Menschen zu sehen bekommen, ist eine resignierte Vernünftigkeit. Einer erwirbt sie sich nach dem Vorbilde anderer, indem er Stück um Stück die Gedanken und Überzeugungen preisgibt, die ihm in seiner Jugend teuer waren. Er glaubte an den Sieg der Wahrheit; jetzt nicht mehr. Er glaubte an die Menschen; jetzt nicht mehr. Er glaubte an das Gute; jetzt nicht mehr. Er eiferte für Gerechtigkeit; jetzt nicht mehr. Er vertraute in die Macht der Gütigkeit und Friedfertigkeit; jetzt nicht mehr. Er konnte sich begeistern; jetzt nicht mehr. Um besser durch die Fährnisse und Stürme des Lebens zu schiffen, hat er sein Boot erleichtert. Er warf Güter aus, die er für entbehrlich hielt. Aber es war der Mundvorrat und der Wasservorrat, dessen er sich entledigte. Nun schifft er leichter dahin, aber als verschmachtender Mensch.

KJ, 56f

So ist es mir mit denen, die gelehrt sind und viel können, oft ergangen: Wenn ich sie auf ihrem besonderen Gebiete sah, war ich voller Bewunderung; wenn sie dann aber in Schrift oder Wort sich über die Dinge äußerten, die die Rätsel von Welt, Menschheit und Leben betrafen, das, was jeden Menschen innerlich beschäftigt, wo es heißt »denken«, innerlich fühlen, war ich manchmal fassungslos, wie leicht sie sich zufrieden gaben, wenn nur ein paar gelehrte Worte hingeworfen wurden, so daß ich mich fast fragen mußte, ob Wissenschaft und Nachdenken sich ausschließen, da ich bei 15jährigen Knaben manchmal mehr Nachdenken gefunden habe, als bei Gelehrten, die einen Namen hatten.

Predigt, 29. 11. 1911

Das Gebot des Vorwärtskommens wird einem jeden von uns von der Zeit aufgedrückt. Aber wie viele Menschen gehen daran zu Grunde, daß sie keine Menschen mehr sind, sondern nur noch als Gestalten scheinen, die in der durch Amt und Erwerb vorgezeigten Bahn vorwärtslaufen, um es so weit wie möglich zu bringen!

Für den, der die Augen in unserer Welt aufmacht, ist es eine erschreckende Tatsache, wie der Beruf die Menschen aufzehrt. Wir reden nicht von denen, die moralisch an diesem Vorwärtskommen zu Grunde gehen, sondern von denen, denen sonst nichts vorzuwerfen ist, als daß sie keine Menschen sind, sondern nur Beamter, nur Kaufmann, nur Ingenieur, nur Arbeiter, nur Professor, nur Lehrer, nur Pfarrer…, der aber keine Resonanz mehr bietet, sobald die rein menschliche Seite angeschlagen wird.

Sie können Gaben und Unterstützung geben und tun es gern, als etwas Selbstverständliches. Aber wenn man nun etwas von ihnen verlangt, was nur der Mensch leisten kann: Verständnis, Mitahnen, Mitfühlen, Begeisterung, Trösten, Ermutigen, Mitgehen um eines Menschen oder einer Sache willen, sich hinwegsetzen über falsche Vorurteile, Entgegenhandeln von Meinung und Gewohnheit, sich aufopfern, kurz all das Unaussprechliche, was in der Pflicht des Menschen zum Menschen, der Hilfe des Menschen zum Menschen, der Verantwortung des Menschen zum Menschen liegt, verzagen sie; nicht aus bösem Willen, nein: sie können nicht leisten, sie sind erschöpfte elektrische Batterien, das Menschheitstum in ihnen, aus dem all jenes fließt, ist aufgezehrt durch die Arbeit, durch das Amt, durch das Vorwärtskommen, durch die Not und Sorge des Lebens. Es verbindet sie kein lebendiges inneres Band mehr mit der Menschheit, sie wissen nicht mehr, was es heißt: Menschen Mensch zu sein. *Predigt, 15.12.1907*

In jedem von uns wohnt ein Schauspieler, der uns durchs ganze Leben begleitet und nach schönen Rollen verlangt, um sie zu spielen.

Predigt, 16.3.1919 (Wswt, 66)

Wir gehen eingeengt von unseren Gewohnheiten, unserer Gesellschaft, unserm Stand und Beruf durchs Leben hindurch und tragen das alles auf uns wie die Schnecke ihr Haus, und wenn wir auf etwas stoßen, wo man den Menschen in uns brauchte, sucht man ihn vergebens: er hat sich in sein künstliches Haus zurückgezogen wie die Schnecke. Ich rede nicht von einem bestimmten Stande, sondern es sind alle darin gleich, ob hoch oder niedrig: Sie sind der Herr so und so, die Frau so und so, der Arbeiter so und so, die Arbeiterin so und so, ganz gefangen in ihren Anschauungen und Beschäftigungen, und sehen nicht, was sie als einfache Menschen tun sollten. Darum fehlt es an Menschen auf der ganzen großen Welt, weil wir alle den einfachen Menschen in uns verkümmern lassen und nicht mehr Menschenaug und Menschenherz und Menschenhilfsbereitschaft haben.

Predigt, Trinitatis 1905

Ohne uns über die Welt und über unser Leben ins klare kommen zu lassen, jagt uns der Geist unserer Zeit ins Wirken hinaus. Unablässig nimmt er uns für diese und jene Ziele und für diese und jene Errungenschaften in Dienst. Er erhält uns im Tätigkeitstaumel, damit wir ja nicht zur Selbstbesinnung kommen und uns fragen, was dieses rastlose Hingeben an Ziele und Errungenschaften eigentlich mit dem Sinn der Welt und dem Sinn unseres Lebens zu tun habe. *VW, 73f*

V

Ein Strahl von Herzlichkeit …

Gutes tun im alltäglichen Leben

Es kommt nicht nur darauf an,
was wir äußerlich in der Welt leisten,
sondern was wir menschlich geben,
in allen Lagen. *Predigt, 3.5.1919 (Wswt, 84)*

Die Regeln über Höflichkeit und Anstand sind... schuld, daß die Menschen oft, wo sie es innerlich nicht so wollten, fremd und kalt aneinander vorübergehen und einander versagen, was sittlich und natürlich wäre.

Ein Beispiel für viele. Im Nebenhause wohnt jemand, den du seit Jahren von Ansehen kennst. Eines Tages triffst du ihn in Schwarz und mit traurigem Gesicht an. Dein innerliches Gefühl sagt dir: »Geh auf ihn zu und frag ihn, wen er verloren hat, und drücke ihm deine Teilnahme aus.« Aber alsbald kommt dir das Bedenken, daß du noch nie mit ihm gesprochen hast und also kein Recht habest, ihn anzureden. So unterdrückst du, was du tun wolltest, und ein Strahl von Herzlichkeit, der einem andern Menschen wohlgetan hätte, leuchtet in dieser Welt nicht auf. *Predigt, Juli 1919 (Wswt, 135)*

Das Gesetz der Zurückhaltung ist bestimmt, durch das Recht der Herzlichkeit durchbrochen zu werden. *KJ, 55*

Daß Menschen verurteilt oder begünstigt sein sollten, von Verantwortungen der Hingabe als Menschen an Menschen frei zu sein, läßt die Ethik der Ehrfurcht vor dem Leben nicht gelten. Sie verlangt, daß wir alle irgendwie und in irgend etwas für Menschen Mensch sind. Denen, die sich im Beruf nicht als Menschen an Menschen ausgeben können und sonst nichts haben, um es dahinzugeben, mutet sie zu, etwas von ihrer Zeit und Muße, auch wenn sie ihnen kärglich zugemessen sind, zu opfern. Schafft euch ein Nebenamt, sagt sie zu ihnen, ein unscheinbares, vielleicht ein geheimes Nebenamt. Tut die Augen auf und suchet, wo ein Mensch oder ein Menschen gewidmetes Werk ein bißchen Zeit, ein bißchen Freundlichkeit, ein bißchen Teilnahme, ein bißchen Gesellschaft, ein bißchen Arbeit eines Menschen braucht. Vielleicht ist es ein Einsamer, oder ein Verbitterter, oder ein Kranker, oder ein Ungeschickter, dem du etwas sein kannst. Vielleicht ist es ein Greis oder ein Kind. Oder ein gutes Werk braucht Freiwillige, die einen freien Abend opfern oder Gänge tun können... Laß dich nicht abschrekken, wenn du warten oder experimentieren mußt. Auch auf Enttäuschungen sei gefaßt. Aber laß dir ein Nebenamt, in dem du dich als Mensch an Menschen ausgibst, nicht entgehen.

KE, 345

Alles, was du tun kannst, wird in Anschauung dessen, was getan werden sollte, immer nur ein Tropfen statt eines Stromes sein; aber es gibt deinem Leben den einzigen Sinn, den es haben kann und macht es wertvoll. Wo du bist, soll, so viel an dir ist, Erlösung sein, Erlösung von dem Elend, das der in sich selbst entzweite Wille zum Leben in die Welt gebracht hat, Erlösung, wie sie nur der wissende Mensch bringen kann. Das Wenige, das du tun kannst, ist viel – wenn du nur irgendwo Schmerz und Weh und Angst von einem Wesen nimmst, sei es Mensch, sei es irgend eine Kreatur. *Predigt, 23. 2. 1919 (StP, 134f)*

Wer sich vornimmt, Gutes zu wirken, darf nicht erwarten, daß die Menschen ihm deswegen Steine aus dem Wege räumen, sondern muß auf das Schicksalhafte gefaßt sein, daß sie ihm welche darauf rollen.

LD, 71

An vernünftigen Menschen ist kein Mangel, aber an solchen, die unverrückt im Geist Christi handeln und reden und daher der Welt überspannt scheinen. Seid nicht zu vernünftig.

Predigt, Pfingsten 1905

An einem häßlichen Winterabend kam ich in Paris an und fuhr, mit dem Koffer vorn auf dem Wagen, zu Freunden, bei denen ich absteigen und logieren sollte. Zweihundert Meter vor dem Hause fing ein Mensch auf dem Trottoir an, neben dem Wagen herzutraben in der Hoffnung, beim Abladen und Heraufschaffen des Koffers mithelfen zu dürfen. Als der Wagen hielt, faßte mich der Jammer dieser Existenz an: abgerissen, verhungert, erfroren, durchnäßt hielt er keuchend und wollte sich mit dem Koffer zu schaffen machen. Aber der Portier des Hauses, der unterdes herausgetreten war, ließ nicht zu, daß er eintrat, denn er sah nicht vertrauenserweckend aus. Ich konnte ihm nicht dreinreden, denn er handelte nur nach seiner Instruktion, und ich war Fremder im Haus und hatte keine Rechte. In der Eile drückte ich ihm einige Münzen in die Hand... die schwere Tür schlug zu, der Koffer ging mit dem Aufzug in die Höhe, ich schritt das Treppenhaus hinauf.

Abends saß man froh am Tisch zusammen... aber ich wurde den abgerissenen Menschen nicht los und konnte mir es nicht verzeihen, daß ich der inneren Stimme, die mir sagte, ich solle mich um diesen Menschen kümmern, nicht gefolgt war; daß ich nicht den Koffer hinaufschaffen ließ und trotz der hoheitsvollen Miene des Pförtners mich mit dem Manne zu schaffen machte, mit ihm irgendwo hinging und ihm, so gut ich konnte, Essen, Schuhe und Kleider besorgte... mit einem Worte, daß ich die Stimme in meinem Inneren, die mir sagte: »das ist dein Nächster, vom Schicksal geschickt, den mußt du mit dem Deinen versorgen«, niederkämpfte mit Berufung auf die Umstände und darauf, daß mein Benehmen auffällig und überspannt gelten könne. *Predigt, 25. 5. 1919 (Wswt, 102f)*

Den Weg zur Sittlichkeit findet keiner, der nur die Augen der gewöhnlich geltenden Vernünftigkeit hat, sondern nur der weiß, daß er auch das muß, was dem gewöhnlichen Urteil als überspannt vorkommt. *Predigt, 25. 5. 1919 (Wswt, 103)*

Viel Kälte ist unter den Menschen, weil wir nicht wagen, uns so herzlich zu geben, wie wir sind. *KJ, 55*

Kümmere dich nicht um die hergebrachten Vorurteile, habe keine Angst, lächerlich zu sein, sondern handle! *Predigt, 2. 3. 1919 (Wswt, 56)*

Woher nimmst du das innere Recht, mit Geld in der Tasche abends nach Hause zu gehn, wo du auf der Straße Leuten begegnest, denen der Hunger aus den Augen schaut und die nicht wissen, wie sie übernachten? Oder du gehst in der Straße und siehst einen Menschen mit durchlöcherten, ausgetretenen Schuhen im Schneewasser waten und hast zu Hause ein zweites oder ein drittes Paar Schuhe und sagst ihm nicht: »Laß sehen, ob wir ungefähr den gleichen Fuß haben«, und wenn es ungefähr so ist: »Komm und nimm das Paar Schuhe, das ich in Reserve habe.«

Oder du siehst einen in einem zerrissenen Anzug, mit dem er sich nirgends zeigen und nirgends Arbeit finden kann, und du hast zu Hause einen, den du nicht trägst. Wie darfst du an ihm vorübergehen und den Gedanken abweisen, ihm deinen anderen anzubieten, weil er einen zerrissenen hat?

Das sind keine überspannten Anschauungen. Weh' dir, wenn du damit fertig bist und dir eine so bequeme, vernünftige Sittlichkeit zurechtgelegt hast, in der diese Fragen, wie du etwas für dich behalten darfst, während andere nichts haben, dich nicht mehr belästigen. Weh' dir, wenn du dir nicht schlecht vorkommst, wenn du ruhig deinen Weg weitergehst! Weh' dir, wenn du nicht gequält bist von Erinnerungen an Menschen, bei deren Begegnung dir die innere Stimme sagte: «du solltest ihnen helfen«, und wo du dann zögertest und dir ausrechnetest, du wärest dazu eigentlich nicht in der Lage.

Predigt, 25.5.1919 (Wswt, 100f)

Jeder, der nur etwas übrig behält, ist ein Besitzender und darf sich nicht in Ruhe wiegen, sondern muß immer unruhig sein, ob er es verantworten kann und inwieweit er es verantworten kann, etwas zu haben, während andere darben.

Predigt, 25.5.1919 (Wswt, 108)

Ein Mensch wird zur Operation in die Straßburger Klinik gebracht. Wem dankt er es, wenn er dort geheilt werden kann? Nicht nur dem Professor, der ihn operiert, den Assistenten, die ihn verbinden, und den Schwestern, die ihn pflegen, sondern noch andern Menschen, die im Hintergrunde der Vergangenheit stehen... Daß er sanft eingeschläfert wird und die Operation für ihn nicht grausige Qual bedeutet, wie es vor hundert Jahren der Fall gewesen wäre, kommt ihm von denen zu, die die Wirkungen des

Äthers und des Chloroforms entdeckten und von denen, die sich zu den ersten Versuchen mit diesen Stoffen hergaben. Daß man endlich Operationen aseptisch, das heißt ohne Angst um die Vereiterung, die früher die schwere Gefahr aller chirurgischen Eingriffe bildete, unternehmen kann, hat ihm der Wiener Arzt Semmelweis durch seine Beobachtungen erworben... Diese unbekannten Wohltaten der Vergangenheit helfen bei jeder Operation mit, und der Operierte schuldet ihnen seine Heilung, ohne die Dankbarkeit je an sie abtragen zu können. Also muß er sie in ihrem Namen denen zu gute kommen lassen, die ihrer bedürfen.

Darum, in der Art, wie dir Gutes widerfahren ist, tue Gutes zum Danke. Führe bei dir selbst Rechnung darüber, ob du den Betrag, den du an das Schicksal und an unbekannte Menschen schuldest, richtig begleichst. Ist dir in Krankheit geholfen worden, wisse, daß du dafür etwas für einen Kranken tun sollst. Hat dir jemand in der Bedrängnis mit einem Darlehen ausgeholfen und es ist einer in der gleichen Not wie du, hilf ihm aus Dankbarkeit für das, was an dir getan wurde... Irgend jemand gab dir umsonst, was man sonst bezahlt; gib du dafür irgend einem umsonst, was du dir bezahlen lassen könntest. Oder er nahm Zeit für dich, wo er kaum welche zur Verfügung hatte. Das will heißen, daß du selber einmal, auch wenn du überarbeitet bist, Zeit für einen Menschen haben mußt. Also tu in deinem ganzen Leben, im großen wie im kleinen. Rede nicht viel davon. Es beruht auf einer Buchführung, in die du allein Einblick hast und haben sollst.

Predigt, 17. 8. 1919 (StP, 153 f)

Warum gibt eine Saite, auf einer Harfe oder einer Geige, einen so schönen Ton, wo sie auf dem Tische aufgespannt kaum lautbar wird? Der empfindsame Resonanzboden schwingt mit. Also bringt die Wohltat, die dir in der Welt begegnet, den richtigen schönen Ton nur dann hervor, wenn die Resonanz des zum Dank bereiten Gemütes vorhanden ist.

Predigt, 27. 7. 1919 (StP, 146)

Verschiebe die Dankbarkeit nie.

Predigt, 27. 7. 1919 (StP, 148)

Alle fehlen wir darin alltäglich, daß wir Wohltaten und Freundlichkeiten aufschlucken, wie ein sandiger Boden das Wasser. Das Bestreben, uns dankbar zu erweisen, ist keine Triebkraft in unserem gewöhnlichen Leben.

Predigt, 27.7.1919 (StP, 141)

Für uns alle besteht eine große Versuchung darin, daß das Gute, das wir tun, zur Schlinge wird, mit der wir einen andern Menschen einfangen. »Weißt du denn nicht mehr, was ich für dich getan habe«, werfen wir ihm vor, wenn er einmal nicht unserer Meinung ist oder nicht tun will, was wir von ihm verlangen. So schleifen wir ihn am Lasso der Dankbarkeit hinter uns her, bis er nicht mehr kann.

Predigt, 27.7.1919 (StP, 138)

Es gibt nicht nur eine leibliche, sondern auch eine geistige Schamhaftigkeit, die wir zu achten haben. Auch die Seele hat ihre Hüllen, deren man sie nicht entkleiden soll. Keiner von uns darf zum andern sagen: Weil wir so und so zusammengehören, habe ich das Recht, alle deine

Gedanken zu kennen. Nicht einmal die Mutter darf so gegen ihr Kind auftreten. Alles Fordern dieser Art ist töricht und unheilvoll. *KJ, 53*

Kommt es euch nicht manchmal vor, daß ihr die, die euch am liebsten sind, anschauen müßt, und bei euch selber erstaunt und sagt, daß ihr ja nichts oder fast nichts voneinander habt, als daß ihr miteinander und nebeneinander in derselben Geschäftigkeit einherhastet. Ihr besprecht eigentlich nur das miteinander, was das tägliche Leben so mit sich bringt, aber das, was euch innerlich bewegt, was euer Leben ausmacht, was euch eint, bleibt unausgesprochen.

Predigt, 22.1.1911

Je mehr man im Leben vorwärts kommt, desto mehr versteht man, wie die wahre Kraft und das wahre Glück uns von denjenigen Menschen herkommen, die uns geistig etwas sind. Ob sie nah oder fern sind, ob sie noch leben oder gestorben sind, wir brauchen sie, um den Weg durchs Leben zu finden und das Gute, das wir in uns tragen, das wird erst durch ihre geistige Nähe Leben und Tätigkeit. *Predigt, 24.4.1904 (StP, 24)*

Sich kennen will nicht heißen, alles voneinander wissen, sondern Liebe und Vertrauen zueinander haben und einer an den andern glauben.

KJ, 53

Bei der Ungerechtigkeit, die dir begegnet, liegt 50 Prozent an den Umständen, 25 Prozent an der Unwissenheit und Gedankenlosigkeit der Menschen und nur 25 an wirklicher Böswilligkeit. *Predigt, 30.3./3.5.1919 (Wswt, 72)*

»Wehe denen, die im täglichen Leben zu viel Herz haben«, sagt man gewöhnlich. Gewiß, sie haben es nicht leicht, und sie können oft ihren Vorteil nicht in Unbefangenheit verfolgen, wo ein anderer es tun kann. Sie haben nicht diese Sicherheit und Zielbewußtheit des Auftretens, die zum Gelingen gehört. Aber sie kennen ein Glück, das den anderen immer verborgen bleiben wird, und sie haben eine tiefere Erkenntnis des Lebens und der Wahrheit. Ihre Seele und ihr Herz haben an ihrem Leben teil, und es geht Liebe von ihnen aus. *Predigt, 30.3./3.5.1919 (Wswt, 78)*

Wir müssen den andern Menschen wissend und unwissend so viel Weh tun, daß jeder einzelne Fall, wo wir uns diesem Tun, zu dem wir verurteilt sind, entziehen können, einen Gewinn bedeutet, der Sonnenschein in unser Dasein hineinbringt. *Predigt, 30.3./3.5.1919 (Wswt, 79)*

Es ist viel Liebe, viel Idealismus in den Menschen, der nicht zur Tat werden kann, so wie er zur Tat werden möchte. Wie leide ich darunter, wenn ich lieben, tüchtigen Menschen, die mir ihre Dienste für mein Urwaldspital anbieten, sagen muß, daß ich keinen Platz und keine Beschäftigung für sie habe, und sie mich dann fragen, wo und wie sie sich betätigen könnten, und ich nichts für sie finde. Und dann wieder die anderen, die sich gern im Tun der Liebe ausgeben möchten und bei den nächstliegenden Pflichten, wie sie das Leben ihnen vorschreibt, zu verbleiben haben und sich in Sehnsucht nach einem Tun, in dem sie in unmittelbarer Weise Aufopferung betätigen können, verzehren. Nur bei wenigen Menschen fügt es sich ja so, daß das Dienen an anderen, wie es ihnen vorschwebt, sich voll verwirklichen läßt. Daß dies bei mir der Fall war, sehe ich als das größte Glück meines Lebens an. *AmL, 31f*

In der Sprache der Welt sagt man von einem Menschen, der etwas geleistet hat: Er hat eine Spur hinterlassen. Es weiß von ihm dieser, jener, was er geleistet hat. Unser Herr Jesus setzt uns ein anderes Ziel: Eine Furche ziehen, das heißt, etwas Segensreiches tun, das verschwindet. Wenn die Ähren auf dem Felde wogen, wer sieht noch die Furchen? Und wer dieses goldwogende Meer überschaut, wer weiß die Namen derer, die die Furchen gezogen haben? Aber sie waren da unter trübem Herbsthimmel, da der Sturm brauste und die Wolken sich am Himmel dahinschoben und zogen ihre Furche von Hoffnung!

Predigt, 18.12.1904 (StP, 45f)

Ihr seid draußen in der Natur gewesen; vielleicht in der gewaltigsten Gebirgswelt. Euer Blick wurde angezogen durch einen Baum. Er hatte nichts absonderliches, aber er bestimmte die ganze Landschaft für euch. Das andere ist in Vergessenheit gesunken… der Baum aber steht noch immer in eurer Erinnerung. So ist's in der Welt. Nicht die großen Ereignisse machen die Geschichte, sondern das vereinzelte Tun zerstreuter Menschen bestimmt das Geschehen durch die Art, wie es auf die andern wirkt und durch den Geist, der davon ausgeht. Darum glaube ich fest, daß nichts von dem verloren ist, was aus dem Wollen und der Begeisterung des Guten von dir getan ist, auch wenn du es nicht siehst und annehmen mußt, es sei vergeblich gewesen. *Predigt, 12.3.1911*

Kein Sonnenstrahl geht verloren. Aber das Grün, das er weckt, braucht Zeit zum Sprießen, und dem Sämann ist nicht immer beschieden, die Ernte mitzuerleben. *KJ, 59*

VI

Vom Licht umschlossen mehr und mehr

Leben im Angesicht des Todes

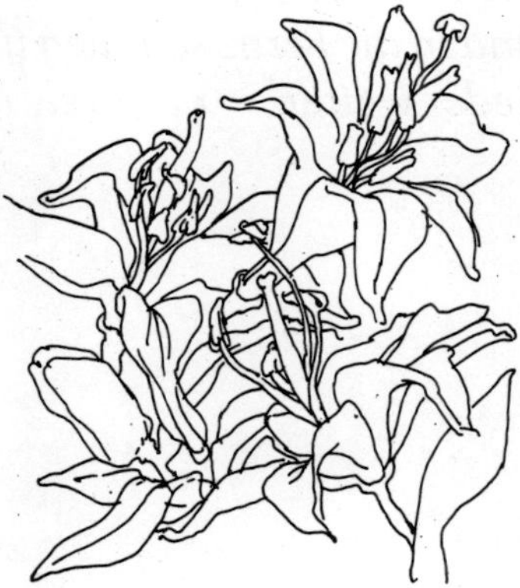

Wir alle müssen uns mit dem Gedanken an den Tod vertraut machen, wenn wir zum Leben wahrhaft tüchtig werden wollen. Wir brauchen nicht jeden Tag, jede Stunde daran zu denken; aber wenn der Weg unseres Lebens uns auf einen Aussichtspunkt führt, wo das Nahe verschwindet und der Blick in die Ferne bis zum Ende schweift, dann die Augen nicht schließen, sondern innehalten und in die Ferne schauen und dann wieder weiter. Predigt, 17. 11. 1907 (StP, 74)

Ich ging in den Spätsommertagen auf einer dieser wunderbaren Straßen Lothringens, wo man bis ins Unendliche sieht, wo eine Hügelkette sich über der andern aufbaut; in der Richtung, in der ich ging, ging die Sonne unter, alles überstrahlend, so daß die Bäume auf den fernen Hügeln aufflammten, als wären sie im Feuer, und man die Helligkeit um sich selber herum spürte. Da wurde mir ganz wundersam zu Mute; das Ganze kam mir vor wie ein Gleichnis für unser Leben, daß wir in der inneren Treue mit uns selbst, daß wir im inneren Zusammenhang mit dem unfaßbar Unendlichen im Leben der Sonne entgegengehen, bis die irdische Sonne für uns untergeht: Vom Licht umflossen mehr und mehr bis zum letzten Augenblick – mag dann die äußere Sonne auch für uns untergehen!

Predigt, 25. 2. 1912 (StP, 90)

Das Vertrautsein mit dem Gedanken des Todes wirkt allein auch die wahre, innere Freiheit von den Dingen. Der Ehrgeiz, die Erwerbssucht, die

Herrschsucht, die wir in uns tragen und die uns in dieses Leben hineinverstricken mit Sklavenfesseln, vermögen den Menschen, der dem Tod ins Antlitz schaut, auf die Dauer nicht zu betören, sondern er fühlt, wie der Gedanke des Endes nach und nach eine Läuterung bewirkt, die ihn von dem schlechteren Ich in sich selbst, von den Dingen und Menschen frei macht, ihn auch frei macht von Menschenfurcht und Menschenhaß.

Predigt, 17.11.1907 (StP, 74)

Jahrhunderte lang hat man den Menschen den Schrecken des Todes gepredigt, daß sie ihre Zuflucht zum Glauben an das ewige Leben nähmen. Und das Ergebnis? Abstumpfung –, Abstumpfung –, dieses merkwürdige Wort für die unbegreifliche und verhängnisvolle Tatsache, die sich hundertmal auf allen Gebieten wiederholt, daß etwas, wiederholt und immer wiederholt, seine Wirkung einbüßt... So ist die Menschheit um uns her weder durch die Furcht vor dem Tode noch durch die Hoffnung auf das ewige Leben bewegt. Sie verlangt nur eins, daß man keine Anspielung auf den Tod macht. Sie hat gewissermaßen ein geheimes Dekret erlassen, daß jedermann seinem Nebenmenschen gegenüber fortgesetzt so tue, als ob die Möglichkeit, daß dieser sterben könne, gar nicht in Betracht käme. *Predigt, 17.11.1907 (StP, 70)*

Wenn ein Mensch die Schatten des Todes über sich fühlt und das Bedürfnis fühlt, mit den Seinen darüber zu sprechen, um dadurch zur Klarheit und zur Fassung zu kommen, so lassen sie es nicht zu, sondern spielen die Komödie, daß sie die Möglichkeit eines solchen Ausgangs nicht in Betracht ziehen, bis zu Ende weiter, meinend, ihm dadurch einen Dienst zu leisten, meinend, ihm den Gedanken ausgeredet zu haben, wenn er es zuletzt aufgibt, darauf zurückzukommen, – und sie haben ihn nur einsam gemacht und ihm die Hilfe verweigert.

Predigt, 17.11.1907 (StP, 71)

Die Unsterblichkeit, an die man nur als an einen Trost glaubt, ist nicht die rechte. Sie haftet so wenig in den Gedanken der Menschen als das Bild, das man mit Wasserfarbe auf eine Mauer malt und das der nächste Regen wegwäscht. Sie ist äußerlich an die Menschen herangetragen und beschäftigt ihn nicht mehr, sobald er sich über die Todesangst durch seine Gedankenlosigkeit hinweggetäuscht hat.

Aber wer sein Leben im Angesicht des Todes zu betrachten wagt, wer es von ihm stückweise zurückempfängt und es lebt als etwas, das ihm nicht gehört, sondern geschenkt worden ist, mit der innerlich freien und friedvollen Gesinnung des Menschen, der in seinen Gedanken den Tod überwunden hat, der glaubt an ein ewiges Leben, weil er schon etwas davon hat und erlebt hat, und schon zehrt von dem Frieden und der Freude desselben. Wie es gestaltet ist, vermag er nicht zu sagen, er vermag seine Anschauung auch vielleicht nicht ganz mit den überlieferten Vorstellungen in Einklang zu bringen. Aber das weiß er gewiß, daß etwas in uns ist, das nicht vergeht, wenn wir selber vergehen, sondern das fortlebt und fortwirkt, überall wo das Reich des Geistes ist, weil es schon jetzt in uns lebt und wirket, wenn wir innerlich durch den Tod zum Leben gekommen sind. *Predigt, 17.11.1907 (StP, 77)*

Das letzte und entscheidende Erleben, zu dem wir alle hindurchdringen müssen, ist, im Leben stehend, vom Leben frei zu werden. In dieses Rätsel des Lebens, das wir in Gedankenlosigkeit so gerne zudecken, führt uns Bachs Kunst hinein. *Bach 1921, 196*

Wir, die wir in einer Zeit leben, wo wir soviel Veräußerlichung ausgesetzt sind, wir dürfen es erleben, daß aus Bachs Musik wir berührt werden zur Innerlichkeit, und daß einer kommt, uns bei der Hand nimmt und uns aus der Unruhe zum Frieden geleitet, Friede geben könnend, weil er selbst ihn erlebt hat. *Bach 1929*

So ist Bach unser großer Künstler der Innerlichkeit, der aus seiner Seele zu andern Seelen redet. Der ihr sagt, daß nicht die Zeit, sondern die Zeitlosigkeit ihre Heimat ist. Und diese Gesammeltheit und Innerlichkeit dieses Erlebthabens des Friedens, das ist das Gewaltige, was er, der große Mystiker, uns in seinen Tönen gibt. Er ist mehr als ein Musiker. Er ist ein Prophet im Geiste. *Bach 1929*

Es gibt keine ewige Verdammnis, es gibt nur eine ewige Erlösung. *Predigt 17. 6. 1907*

Wenn ich das Wort «Ewiges Leben« höre, denke ich nicht zuerst an das fried- und freudvolle Dasein derer, die überwunden haben, sondern an das ewige Leben, wie es mir als geistige Gegenwart solcher, die nicht mehr sind, und solcher, die noch sind, offenbar geworden: Die Menschen, die ich nahe fühle, nicht als irdische Existenzen, sondern als geistige Wesen.

Predigt, 24. 4. 1904 (StP, 24)

VII

Die angelernte Religion fällt ab wie der Mörtel von der Wand

In der Nachfolge Jesu dem Leben ein Ziel geben

*Aus dem tiefsten Glücksgefühl erwuchs
mir nach und nach das Verständnis
für das Wort Jesu, daß wir unser Leben
nicht für uns behalten dürfen.
Wer viel Schönes im Leben erhalten hat,
muß entsprechend viel dafür hingeben.
Wer von eigenem Leid verschont ist,
hat sich berufen zu fühlen, zu helfen,
das Leid der andern zu lindern.
Alle müssen wir an der Last von Weh,
die auf der Welt liegt, mittragen.* KJ, 47

Es kommt fast für jeden Menschen der Augenblick, wo die überkommene und angelernte Religion von ihm abfällt wie der Mörtel von der Wand. Erziehung, Haus und Familie, religiöses Milieu, alles kann nichts helfen, denn es muß so kommen, damit der Mensch er selbst wird. *UZ*

Viele Menschen müssen durch diesen innerlichen Bankrott hindurch, sie müssen erfahren, daß das, was sie für ihren Glauben halten, gar kein wirklicher innerlicher Glaube ist, sondern daß sie sich ihren Glauben erst erringen und erbeten müssen; sie müssen innerlich arm werden, damit sie erst sehen, was für ein Reichtum der Glaube ist, der ihnen eine Gewohnheitssache war. Wer diese geistige Armut empfindet, der ist nicht verloren, wenn er auch schwer ringen muß, wenn er auch für den Augenblick durch das dunkle Tal der Verzweiflung hindurch muß. *Predigt, 16. 2. 1902*

Wo ist die lebendige Kirche, in der wir Jesus lebendig im Geiste wirkend finden möchten, so daß wir sagen möchten: Hier ist er, hier wollen wir bleiben! *Predigt, 19.11.1905 (StP, 59)*

Die christliche Sittlichkeit ist zu keiner Macht in der Welt geworden. Sie ist nicht tief in die Menschengemüter eingedrungen, sondern nur mehr äußerlich angenommen worden, mehr in Worten anerkannt als in der Tat geübt. Die Menschheit steht so vor uns da, als ob die Worte Jesu für sie nicht existieren, als ob es für sie überhaupt keine Sittlichkeit gäbe.

Darum nützt es gar nichts, die sittlichen Gebote Jesu einfach immer wieder zu wiederholen und auszulegen, als müßten sie sich zuletzt so dennoch allgemeine Anerkennung verschaffen. Dies wäre, als wenn man mit schönen Farben auf eine nasse Mauer malen wollte. Wir müssen erst die Voraussetzungen für das Verständnis derselben schaffen, und unsere Welt zur Gesinnung führen, in der sie etwas für sie bedeuten.

Predigt, 16.2.1919 (StP, 117)

Darüber, daß es sich seinem geistigen und ethischen Wesen nach so wenig durchzusetzen vermag, täuscht sich das heutige Christentum dadurch hinweg, daß es als Kirche seine äußere Stellung in der Welt von Jahr zu Jahr stärker ausbaut. In einer Art neuer Verweltlichung paßt es sich dem Geiste der Zeit an. Wie die anderen organisierten Größen ist es darauf aus, sich durch immer stärkere und einheitlichere Organisation als geschichtlich und tatsächlich gegebene Größe durchzusetzen. In dem Maße, als es so äußere Macht erlangt, verliert es an geistiger.

LD, 176

Der christliche Glaube besteht nicht darin, daß alle Christen in allen Punkten dieselbe Meinung haben, sondern daß jeder im Geiste Christo handle. *Predigt, Januar 1899*

Das Christentum ist keine Kraft in unserer Zeit, und weil es keine Kraft ist, ist es gerichtet. Wohl wird das Wort Gottes gepredigt und in der Schrift verbreitet, aber das Evangelium ist wie ein herrlicher Samen, der allenthalben in der Luft herumfliegt, allenthalben niederfällt und nirgends aufgeht, weil keine Menschen da sind, die Furchen ziehen. So kommen die Vögel des Himmels und fressen ihn auf, und er geht der Welt verloren. *Predigt, 18. 12. 1904 (StP, 42f)*

Ihrem eigentlichen geistigen und ethischen Wesen nach bleibt die religiöse Wahrheit des Christentums dieselbe durch die Jahrhunderte hindurch. Wandelbar ist nur die äußere Gestalt, die sie in Weltanschauungsvorstellungen annimmt. So geht Jesu ursprünglich in der spätjüdisch-eschatologischen Weltanschauung aufgetretene Religion der Liebe nachher mit der spätgriechischen, der mittelalterlichen und der neuzeitlichen Verbindung ein. Durch die Jahrhunderte hindurch bleibt sie aber, was sie an sich ist. In welchen Weltanschauungsvorstellungen sie gedacht wird, ist etwas Relatives. Entscheidend allein ist, wieviel Gewalt die in ihr von Anfang an enthaltene geistig-ethische Wahrheit über die Menschen gewinnt. *LD, 44*

Wenn mich jemand fragte, warum ich das Christentum für die höchste und einzige Religion halte, würde ich alles, was man so gelernt hat über das Verhältnis und die Rangordnung der Religionen und wie man die Vorzüge der besten herausfindet, getrost hinter den Ofen werfen und nur das eine sagen: Weil in dem ersten Befehl, den der Herr auf Erden gegeben hat, nur das eine Wort »Mensch« vorkommt. Er redet nicht von der Religion, vom Glauben, von der Seele oder sonst etwas, sondern einzig vom Menschen. Ich will euch zu Menschenfischern machen. Da ist's, als sagte er es allen kommenden Jahrhunderten: Aufs erste gebt mir acht, daß mir der Mensch nicht zugrunde geht. Geht ihm nach, wie ich ihm nachgegangen bin und findet ihn da, wo die andern ihn nicht mehr finden, im Schmutz, in der Vertiertheit, in der Verachtung, und tut euch zu ihm und helft ihm, bis er wieder ein Mensch ist. *Predigt, 6. 1. 1905 (StP, 51)*

Ich sage, daß der Anfang der Religion und des wahren Denkens gleich sind, weil sie aus demselben elementaren Probleme hervorgehen:

dem Leben einen Wert zu geben von innen heraus, zu einem Wissen vom Leben zu kommen und den Weg des Lebens zu betreten. Diese aus dem wahren Wissen und Wollen hervorgegangene Religiosität, die noch zu keinen Größen außer Euch gelangt ist, die keine Behauptungen über außer uns liegende Dinge aufstellt, nenne ich die elementare Religion. *UZ*

Das ist das Wesen der Religion: sie ist nicht ein Beschauen, nicht ein Begreifen, nicht ein Verstehen, sondern eine Tat des Menschenwillens, der sich aus der Endlichkeit gleichsam in die Unendlichkeit hinausdehnt und dort Gottes Willen sucht, um sich von ihm durchdringen zu lassen. Das ist das Wesen der Religion; alles andere ist nur die Form, die Lehre, der mannigfaltige Ausdruck dieses wahrhaftigen Erlebens der Religion. *Predigt, 13.2.1904*

Das Christentum kann das Denken nicht ersetzen, sondern muß es voraussetzen... Von mir selber weiß ich, daß ich durch Denken religiös und christlich blieb. *LD, 176*

Die Aufführung der Scheidewand zwischen philosophischer und religiöser Ethik geht auf den Irrtum zurück, als ob die eine Wissenschaft und die andere Nichtwissenschaft wäre. Beide sind aber weder das eine noch das andere, sondern Denken. Nur hat sich das eine Denken von überlieferter religiöser Weltanschauung freigemacht, während das andere den Zusammenhang mit ihr wahrt. Die Verschiedenheit ist nur relativ. *KE, 119*

Pantheistisch ist jedes lebendige Christentum insoweit, als es alles, was ist, als in dem Urgrund alles Seins seiend ansehen muß. Zugleich aber steht jede ethische Frömmigkeit über aller pantheistischen Mystik dadurch, daß sie den Gott der Liebe nicht in der Natur findet, sondern von ihm nur dadurch weiß, daß er sich als

Wille der Liebe in uns kundgibt. Der Urgrund des Seins, wie er in der Natur in Erscheinung tritt, ist uns immer etwas Unpersönliches. Zum Urgrund des Seins aber, der als Wille zur Liebe in uns offenbar wird, verhalten wir uns als zu einer ethischen Persönlichkeit. Der Theismus steht nicht in Gegensatz zum Pantheismus, sondern erhebt sich aus ihm als das ethisch Bestimmte aus dem naturhaft Unbestimmten.

LD, 177

Meinen dreißigsten Geburtstag... verbrachte ich als der Mann aus dem Gleichnis, der einen Turm bauen will und überschlägt, »ob er es habe hinauszuführen«. Das Ergebnis war, daß ich den Plan des rein menschlichen Dienstes nunmehr in Äquatorialafrika zu verwirklichen beschloß...

In den vielen Diskussionen, die ich damals mit als christlich geltenden Leuten als ein müder Partner durchzufechten hatte, berührte es mich merkwürdig, wie fern ihnen der Gedanke lag, daß das Streben, der von Jesus verkündeten Liebe zu dienen, einen Menschen aus seiner

Bahn werfen könne, obwohl sie es im Neuen Testament lasen und es dort ganz in der Ordnung fanden. *LD, 68f*

Der Friede Gottes ist nicht Ruhe, sondern treibende Kraft. *Predigt, 13. 10. 1918 (StP, 104)*

Manchmal meint man, daß die Welt nicht mehr den Weg zu ihm [Jesus] findet, weil er in Lehren eingeengt ist, so wie es herrliche alte Kathedralen gibt, an die die Häuser so nahe herangerückt sind, daß man sie nicht mehr in ihrer ganzen Größe sieht. So muß man auch um Jesus den Platz freilegen. *Predigt, 24. 4. 1904 (StP, 25)*

Mich wollte letzthin schier der Unmut erfassen, als mir ein frommer Mensch sagte, nur der könne an den lebendigen Jesus glauben, der an die leibhaftige Auferstehung und an die verklärte ewige Leiblichkeit Christi glaube. Lebendig ist Jesus für die, die er, als ginge er unter uns, leitet, in großen und in kleinen Dingen, um ihnen zu sagen, tu das so und das so, und die einfach, als hätten sie einen Herrn vor sich, dessen Gestalt sie mit dem geistigen Auge sehen und dessen Befehl sie mit dem geistigen Ohr hören, ja sagen und still dahingehen und tun.

Predigt, 19. 11. 1905 (StP, 65)

Das ist ein Trost für uns alle, daß die letzte Autorität des Glaubens nur der Geist Jesu ist, nicht der einer Kirchenbehörde, eines Kirchenbekenntnisses, eines ehrwürdigen Dogmas oder eines Spruches, den man aus dem Neuen Testament herausgreift, sondern nur der Geist Jesu.

Predigt, 22. 7. 1906

Das ist das große Rätsel der christlichen Sittenlehre, daß wir die Worte Jesu nicht so ohne weiteres ins Leben übersetzen können, auch mit dem heiligsten Willen ihm zu dienen. Daraus ergibt sich dann die große Gefahr, daß wir ihnen eine ehrerbietige Referenz machen und sie als »ideal« preisen, in der Wirklichkeit aber nicht zu Worte kommen lassen.

Predigt, 16. 2. 1919 (StP, 118)

VIII

Arbeiten an dem neuen Geist

Damit das Leben Zukunft hat

Kommen muß eine Vergeistigung der Massen. Die vielen Einzelnen müssen denkend werden über ihr Leben, über das, was sie im Kampfe des Daseins für ihr Leben erringen wollen, über das, was ihnen die Umstände erschweren, und über das, was sie sich selber versagen.

KE, 359f

Wir alle müssen miteinander arbeiten an dem neuen Geist und die Gedanken der Menschen aus dem Schutt der oberflächlichen Meinung und dem Dunkel der Gedankenlosigkeit ans Tageslicht bringen. *Predigt, 15. 11. 1908*

Einen neuen Geist zu schaffen, will dem gewöhnlichen Verstand als ein wenig aussichtsreiches Unternehmen vorkommen. Er hält es nicht für möglich, daß die Menschen sich von der herrschenden gewöhnlichen Denkweise zu einer höheren erheben können. Dieser Kleinglaube hat nicht die rechte Vorstellung vom Geiste. Dieser ist ein Feuer, zu welchem der Brennstoff in den Herzen aller Menschen vorhanden ist. Auch, wenn er zunächst nur ein kleines Flämmchen ist, kann er unversehens zur mächtigen Flamme werden. *Was heute not tut*

Es liegt eine unendliche Kraft darin, daß eine Idee Menschen innerlich erfüllt. Und wenn sie auch scheinbar ihrer Verwirklichung nicht näher kommt, wenn es auch mehr rückwärts als vorwärts geht, wenn sie nur von Menschen gedacht und heilig gehalten ist, so liegt das Samenkorn doch im Boden, unter Schnee und Sturm. Es kann nicht sprießen – aber es ist nicht tot. Die Keimkraft lebt in ihm. So gibt es auch für die Ideen Winter in der Menschheit. Sie scheinen nicht verwirklicht, scheinen alt und vergessen, aber wenn sie nur von Menschen im Herzen bewahrt werden, sind sie lebendig, ihre Keimkraft ist da, ungebrochen. Ob es große oder kleine Kreise sind, die den Gedanken denken, darauf kommt es nicht an, entscheidend ist, ob wir ihn intensiv denken und davon beherrscht sind.

Ein Feuer, das unter der Asche schläft, vermag keinen Brand anzufangen, dasjenige aber, das Flamme ist, sie sei so klein wie sie mag, ist imstande, eine Stadt zu verzehren, wenn es Nahrung findet oder der Wind darüber kommt.

Predigt, 12.3.1911

Unsere Menschheit ist gar nicht so materialistisch, wie es in törichtem Gerede immerfort behauptet wird. Nach dem, wie ich die Menschen kennengelernt habe, steht mir fest, daß unter ihnen viel mehr ideales Wollen vorhanden ist, als zum Vorschein kommt. Wie die Wasser der sichtbaren Ströme wenig sind im Vergleich zu denen, die unterirdisch dahinfluten, so auch der sichtbar werdende Idealismus im Vergleich zu dem, den die Menschen unentbunden oder kaum entbunden in sich tragen. Das Unentbundene entbinden, die Wasser der Tiefe an die Oberfläche leiten: die Menschheit harrt derer, die solches vermögen. *LD, 72f*

Als überbeschäftigtes, einer wirklichen Sammlung nicht mehr fähiges Wesen verfiel der moderne Mensch der geistigen Unselbständigkeit, jeglicher Art von Veräußerlichung, einer falschen Wertschätzung des geschichtlich und tatsächlich Gegebenen, einem daraus entspringenden Nationalismus und einer erschreckenden Humanitätslosigkeit.

In neuem Denken müssen wir also wieder zu

einer die Ideale wahrer Kultur enthaltenden Weltanschauung gelangen. Wenn wir überhaupt nur wieder anfangen, über Ethik und unser geistiges Verhältnis zur Welt nachdenkend zu werden, sind wir bereits auf dem Wege, der von der Unkultur zur Kultur zurückführt. *LD, 148*

Der Zusammenbruch der Kultur ist dadurch gekommen, daß man der Gesellschaft die Ethik überließ. Erneuerung der Kultur ist nur dadurch möglich, daß die Ethik wieder die Sache der denkenden Menschen wird, und daß die Einzelnen sich in der Gesellschaft als ethische Persönlichkeiten zu behaupten suchen. *KE, 351f*

Fürchtet euch nicht, das, was ihr denkt, auszusprechen, mag es auch unzeitgemäß gescholten und von denen, die im Geiste der Zeit weise und klug sind, bespöttelt werden. *Predigt, 15. 11. 1908*

Ist als Ziel der Kultur anerkannt, daß jeder Mensch in einem möglichst menschenwürdigen Dasein zu wahrem Menschentum gelangen soll, so kann die kritiklose Überschätzung des Äußerlichen der Kultur, wie wir sie von dem ausgehenden neunzehnten Jahrhundert übernommen haben, unter uns nicht weiterbestehen. Immer mehr kommen wir in ein Überlegen hinein, das uns zwischen dem Wesentlichen und dem Unwesentlichen der Kultur unterscheiden läßt... Wir wagen der Wahrheit ins Auge zu schauen, daß mit den Fortschritten des Wissens und Könnens die Kultur nicht leichter, sondern schwerer geworden ist. *KE, 358f*

Geistige Macht haben wir nur, wenn die Menschen uns anmerken, daß wir nicht kalt nach ein für allemal festgelegten Prinzipien entscheiden, sondern in jedem einzelnen Falle um unsere Humanität kämpfen. *KE, 350*

Ethischer Erzieher ist nur der ethisch denkende und um Ethik ringende Mensch. Die von der Gesellschaft in Umlauf gesetzten Begriffe von Gut und Böse sind Papiergeld, dessen Wert nicht nach den aufgedruckten Ziffern, sondern nach seinem Verhältnis zum Goldkurs der Ethik der Ehrfurcht vor dem Leben zu bemessen ist. Danach aber ergibt sich sein Kurs als der der Papierscheine eines halbbankrotten Staates.

KE, 351

Wie ganz anders wäre doch die Welt, wenn wir, statt immer von ausgleichender Gerechtigkeit zu reden, selber etwas ausgleichende Gerechtigkeit trieben, und jeder von uns sich fragte: Was darfst Du von dem, was Du mehr als andere an Glück empfangen hast, wirklich für Dich behalten? Dabei verstehe ich unter Glück nicht allein Besitz und glückliche äußere Lebensumstände, sondern auch Gesundheit, Leistungsfähigkeit, glückliche Gemütsveranlagung. Ich verstehe darunter sogar gesunden Schlaf. *AmL, 31*

Keiner von uns ist in der rechten Weise mit dem Problem des Friedens beschäftigt, wenn sich ihm dabei nicht fort und fort die Frage aufdrängt: »Was tust denn Du in Deinem Bereiche für den Frieden? Wie sieht es in Deinem Herzen aus? Läßt Du den Geist des Friedens in ihm mächtig werden über den Geist der Welt?«

Was heute not tut

Auch verharren wir nicht auf dem Tiefstand, sinnlose Macht-, Leidenschafts- und Nationalitätsideale, die von armseligen Politikern aufgestellt sind und durch betäubende Propaganda in Ansehen erhalten werden, weiterhin noch als irgendwie ethisch gelten zu lassen. Alle unter uns auftretenden Grundsätze, Gesinnungen und Ideale messen wir in grandioser Pedanterie mit dem durch die absolute Ethik der Ehrfurcht vor dem Leben geeichten Maße. *KE, 352*

Daß es infolge aller den Menschen und der Menschheit erreichbaren Fortschritte auf der Welt möglichst viel Willen zum Leben gebe, der an allem in seinem Wirkungsbereich kommenden Leben Ehrfurcht vor dem Leben betätigt und in der Geistigkeit der Ehrfurcht vor dem Leben Vollendung sucht: dies und nichts anderes ist Kultur. So sehr trägt sie ihren Wert in sich selber, daß uns sogar die Gewißheit eines in absehbarer Zeit eintretenden Aufhörens der Menschheit nicht in dem Bemühen um Kultur irre machen könnte. *KE, 355*

In aller Tätigkeit darfst du nie unpersönliche Energie, Ausführungsorgan irgendeiner Sache, Beauftragter der Gesellschaft sein, sondern du mußt dich in allem mit deiner persönlichen Sittlichkeit auseinandersetzen, so unbequem, so verwirrend es für dich ist, und versuchen, in allem, was du tun mußt, nach der Menschlichkeit zu verfahren und die Verantwortung für das Los, das du einem andern Menschen bereitest, zu tragen. *Predigt, 3. 5. 1919 (Wswt, 83)*

Quellenverzeichnis

Albert Schweitzer. Leben, Werk und Denken 1905–1965, mitgeteilt in seinen Briefen, hg. v. H. W. Bähr, Lambert Schneider, Heidelberg 1987 (=Br).

Aus meinem Leben, in: 42. Rundbrief für den Freundeskreis von Albert Schweitzer und den Deutschen Hilfsverein e. V., Oktober 1976, S. 29–32 (=AmL).

Aus meinem Leben und Denken [1931], Frankfurt/Main 1983 (=LD).

Aus meiner Kindheit und Jugendzeit [1924], Bern 1979 (=KJ).

Briefe aus Lambarene 1924–1927, in: Albert Schweitzer, Gesammelte Werke in fünf Bänden, hg. v. R. Grabs, Bd. 1, C. H. Beck, München 1974, S. 477–685 (=BrL).

Das Christentum und die Weltreligionen [1923], in: Albert Schweitzer, Das Christentum und die Weltreligionen. Zwei Aufsätze zur Religionsphilosophie, C. H. Beck, München ²1984, S. 9–65 (=ChW).

Einführung in das Schaffen Bachs, in: Klassiker der Tonkunst. Auswahl der besten Klavierwerke von Joh. Seb. Bach, hg. v. H. Neumayr, Wien/Leipzig 1929, S. III–XIII (=ESB).

J. S. Bach. Sein Leben und sein Werk (Vortrag 1929), unveröffentlicht (=Bach 1929).

Johann Sebastian Bachs Künstlerpersönlichkeit, in: Die Musikwelt 1, 1921, S. 193–196 (=Bach 1921).

Kultur und Ethik. Kulturphilosophie II [1923], in: Albert

Schweitzer, Kultur und Ethik. Sonderausgabe, C.H. Beck, München 1981, S. 79–368 (= KE).

Predigten an St. Nicolai, Straßburg (1899–1918), z. T. unveröffentlicht.

Das Problem der Ethik in der Höherentwicklung des menschlichen Denkens, in: Albert Schweitzer, Das Christentum und die Weltreligonen. Zwei Aufsätze zur Religionsphilosophie, C. H. Beck, München [2]1984, S. 67–88 (= PdE).

Straßburger Predigten [1900–1919], hg. v. U. Neuenschwander, C. H. Beck, München 1966 (= StP).

Unsere Zeit und die Religion (Vortrag 15. 1. 1906), unveröffentlicht (= UZ).

Verfall und Wiederaufbau der Kultur. Kulturphilosophie I [1923], in: Albert Schweitzer, Kultur und Ethik. Sonderausgabe, C.H. Beck, München 1981, S. 11–78 (= VW).

Was heute not tut (Manuskript 1951).

Was ist mir Johann Sebastian Bach und was bedeutet er für unsere Zeit? Eine Umfrage, in: Die Musik 5, 1905/06, S. 75–76 (= Bach 1905).

Was sollen wir tun? 12 Predigten über ethische Probleme [1919], Lambert Schneider, Heidelberg [2]1986 (= Wswt).

Zwischen Wasser und Urwald. Erlebnisse und Beobachtungen eines Arztes im Urwalde Äquatorialafrikas [1921], München 1926 (= WU).